愛される
お母さんになるための
75のヒント

斎藤茂太

PHP

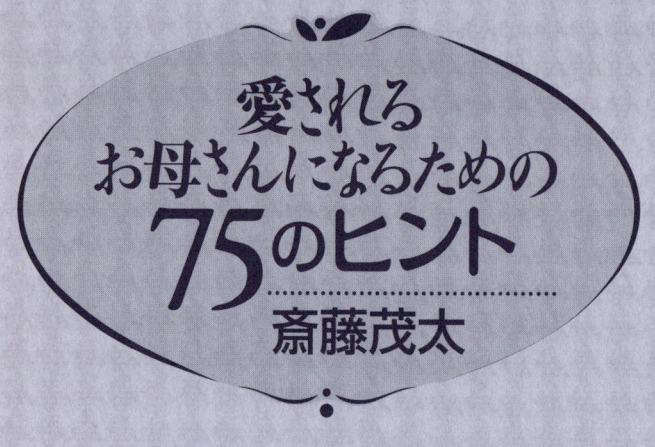

はじめに

どんなお母さんがいわゆる「素敵なお母さん」なのだろう。答えは簡単だ。夫や子どもに愛され、姑や親戚と上手に付き合って評判がよければ言うことはない。

しかし、世の中、誰がみても、どこからみても、素敵と言われるお母さんはそうざらにいるものではない。また、もし完璧なお母さんを目指す女性がいるとしても、いつか疲れ切ってしまうにちがいない。

私たち夫婦のこれまで五〇年を超える結婚生活は、けっして「春風駘蕩《しゅんぷうたいとう》」といったものではなかった。妻がある婦人雑誌のインタビューで語ったのは「狂瀾怒濤《きょうらんどとう》の果てに」という言葉だった。

妻の美智子に対し、面と向かって「あなたはなんてのろまなの」と言うのが私の母だった。強烈な個性の母に仕えた年月は、私からみても言葉に尽くせない苦労があったはずだ。

妻はそのせいで持病となった胃潰瘍《いかいよう》を患《わずら》っている。私はそれを「おふくろ性胃潰瘍」と名付けている。当時の手帖をみると、「三億円出すから母と一緒に暮らしたい人募集!」などと書いてある。

今、私は料理の名前であれ、人との付き合いであれ、妻がいなければ大変困る。親戚の誰それの結婚記念日でとか孫の誕生日だとかいっては、妻はまめにカードを出している。そんなことは私にはできないから大助かりだ。

性格も、多忙なせいでどちらかといえば拙速タイプの私と違って、妻はきわめて慎重派だ。私が辞書を一回見るところを三回見るというタイプ。私のマイナスを「執念深く」補ってくれることは感謝している。私は死ぬときに、妻にひと言「ありがとう」と言ってやろうと思っているが、そううまくいくかどうかはわからない。

私は人から「立派な人間とはいかなる人をいうのか」と問われれば、「自分の置かれている環境にうまく適応させ得る人」と答えるであろう。

女性は結婚して妻となり、子どもをつくって母となる。独身時代と違って対人関係や子育ての苦労も増える。そんなとき、心の要求水準を高く持ち過ぎると不満が生まれ、そこから心身の不調も発生しかねない。

本書を読まれて、妻として母として幸福をつくり出していく、いくつかのヒントを得られればさいわいである。

平成一二年四月

斎藤茂太

愛されるお母さんになるための75のヒント◉目次

はじめに …… 1

第1章 どうしたら「子育て」がうまくいくのか

●子どもを産むか、ディンクスで生きるか …… 14
●子どもが親離れするのをサポートすること …… 16
●どうしても子どもを愛せないのはなぜか …… 18
●妊娠で会社での立場はどう変わろうとも …… 20
●子育ては自信を持ってやってほしい …… 22
●夫への信頼が欠如するとしばしば子どもに影響が出る …… 24
●仕事と子育てを両立させるさまざまな心くばり …… 26
●理想的な母親とはどういう人か …… 28
●こんな母親が「冬彦さん」をつくる …… 30
●子どもは六人産んだつもりで育てよう …… 32
●子どもはきょうだい差別を敏感に感じるもの …… 34

● やせ細ったスネに頼る子どもの教育費はいくら？……36

第2章 どうしたら「夫婦仲」がさめないでいられるか

● 「世の中に幸福や不幸はない」……42
● 新婚家庭は異文化交流の独立国……44
● 夫のホンネとタテマエを聞き分けるコツ……46
● 社会での夫の領分はおかすべからず……48
● ジェラシーは正面からよりもカーブで攻める……50
● アツアツ時代が過ぎても言葉のキャッチボールは忘れない……52
● 上手な夫婦ゲンカの極意を知っておく……54
● 収入が夫を上回ってしまった時のちょっとした気づかい……56
● 性格タイプからみた相性の良い夫婦、悪い夫婦……58
● 夫婦間で絶対におかしてはならない三つのタブー……60
● 最も熱中する趣味は夫婦別のものがいい……62

●マンネリ打破には旅行がよい……64

第3章 どうしたら「嫁姑」はわかりあえるか

●第三者に舅・姑の悪口を言わない……70
●嫁は家族の幸せの核となる存在だと思えばいい……72
●嫁姑戦争は最高のボケ防止……74
●姑のこだわりは尊重する……76
●嫁は豆腐になってほしい……78
●姑の味方としてグチの聞き役も務めること……80
●親戚とは適正距離を保ってつきあおう……82
●姑や親戚への不満を夫にぶつけてはいけない……84
●嫁は一流の女優たれ……86

第4章 どうしたら「自分らしく」生きられるか

●他人の視線が気になるのはなぜか……92
●孤独を感じない女性はいない……94
●失敗は成功へ導く良き友である……96
●自分の好きな点、嫌いな点を、箇条書きにしてみる……98
●スランプは飛躍へのスプリングボード……100
●自分の力に限界などはない……102
●まず、自分を信頼することから始めてみよう……104
●目、耳、そして頭、体を遊ばせよう……106
●要注意！ 女性のアルコール依存が増えている……108
●相談できる男女の友人を持っているか……110
●性格は自分次第で変容していく……112
●「完全を望むと麻痺がくる」……114

第5章 どうしたら「人間関係」がよくなるか

- 親友は「真友」でもあり「信友」でもある …… 120
- 自分から積極的に行動しなければ友人はできない …… 122
- どんな人間にだって相手を立てることが人間関係の基本 …… 124
- 気くばりのできる女性になろう …… 126
- 人間づきあいは「つかず、はなれず」が一番だ …… 128
- 切磋琢磨《せっさたくま》できるライバルを持つ …… 130
- 第一印象で相手に嫌われない言葉の数々 …… 132
- 素直に「ごめんなさい」が言えることの素晴らしさ …… 134
- 会話で親しみを持たれるコツ …… 136

第6章

どうしたら「魅力的な女性」でいられるか

- 女性の美しさとは何か …… 142
- 一日一回、鏡の前に立って見ること …… 144
- 年齢以上に老けて見られたら要注意！ …… 146
- コンプレックスをチャームポイントに変えよう …… 148
- 美人の尺度は百人百様 …… 150
- おしゃれが心にアクセントをつけてくれる …… 152
- 人が自分よりよく見えるのは当たり前 …… 154
- 整形美人は美しさの本質を見失いがち!? …… 156
- どんな美人も怒った顔は醜いもの …… 158
- 誰のためでもなく自分のために美しくなろう …… 160

第7章 どうしたら「心のリフレッシュ」ができるか

●自分を磨く最大の味方は自分自身 …… 166
●フラストレーションの発火点を上昇させること …… 168
●新鮮な感動に対しては大いに欲張りになろう …… 170
●趣味は徹底的に没頭する …… 172
●毎日心身を鍛えよう …… 174
●時間のやりくり上手は人生の勝利者だ！ …… 176
●集中力を高め、ロスタイムをなくしていく …… 178
●まず、自分がどんな人生を生きるのか決める …… 180
●人に惑わされずとことんマイペースを守ろう …… 182
●ひとり上手になる …… 184
●「うつ」の兆候はすばやくチェックしよう …… 186

装幀●宮坂佳枝　装画●すがわら　けいこ　マンガ●小沢恵子
編集協力●キーツ・プロダクション／鈴木洋子

第1章

どうしたら「子育て」がうまくいくのか

働くお母さんはとっても大変だ
早くっ
保育園遅れる～！
家事はどうしてもたまるし
子どもはお母さんがいなけりゃやっぱりさびしい。
ピー
ピコピコ
あ～フトン干したい
疲れた
学童の話し合い出なくちゃ
でもそこで仕事をあきらめないで欲しい。
"子どものためにガマンしてるお母さん"より
ああ仕事したいな…
"大変だけれどがんばってるお母さん"

〝ひとりの人間として働くお母さん〟
その姿を見せることは
きっと子どもにとっても
大きなプラスになるはずだから。
そのがんばりがきっと何かを変えていく。
さぁ晴れた！フトン干すぞっ
お父さん起こして！
上に乗っていいーいっ？
どんどん乗れ！
がんばっていこう！

子どもを産むか、ディンクスで生きるか

最近では、ディンクスというスタイルを望む夫婦が増えてきているらしい。ディンクスとはDouble Income No Kidsの略であり、子どもを持たずに、夫婦それぞれが仕事をし、好きな人生を送っていこうというものである。幸せの形は、人の数だけあると思う。どのような夫婦になるか、それはふたりの価値観で決めればいいことだろう。結婚したから必ず子どもを産まなくてはいけないということもない。

しかし、子宝に恵まれないのでなく、自分たちの意思で子どもをつくるかつくらないかを決めるのは、そう簡単なものではない。女性にとって育児と仕事の両立はなまはんかなものではないだろうが、目先のことにとらわれて決定するには、大きすぎる問題である。この問題に関しては夫婦の在《あ》り方なども徹底的に話し合った上で、決めることだと思う。

結婚して子どもができるということは、ごく自然なことである。が、それによって、夫婦関係は大きく変わっていく。

たとえばイギリスでは、子どもを持たない夫婦は「カップル」と呼ばれるが、子どもが

生まれてからは、「ファミリー」と呼称が変わる。家そのものも、夫婦だけなら「ハウス」だが、子どもができたとたん、「ホーム」と呼ばれるようになる。

デュルケムというフランスの社会学者は、夫婦の社会的な帰属が、子どもの誕生によって、夫婦は、「ソシエテ・コンジュガル」（結婚社会）から、「ソシエテ・ファミリアル」（家族社会）に変化すると言う。

子どもを産むか産まないか。これについて悩んだとき、まず女性の頭に浮かぶのは、出産によって仕事を中断しなければならない、また、授乳期などはつきっきりで子どもの世話をしなければならない。そのために自分の時間はなくなってしまうということではないだろうか。しかし、子どもを持つことは、そのような時間的な制約だけでなく、夫婦間の在り方などにさまざまな変化を及ぼす。子だくさんの家庭を望むもよし、ディンクスで生きるのもいい。が、夫婦の在り方について慎重に考えた上で、その結論は出したいものである。

結論を出す上で、もうひとつ考えてみたいことがある。それは五〇年、六〇年先の自分の生活も考慮に入れておきたいということだ。老後の自分を支えてくれるのは若い人、特に子どもたちであることも無視できない事実である。

子どもが親離れするのをサポートすること

母親の務《つと》めとは、何であろう。私は、三つのことがらに、母親の仕事が集約されると考えている。まずひとつは、子どもを産むことである。ふたつめは、子どもを成長させること。そして三番目が、子どもを独立させることだ。これをすべて行ったうえで、初めて母親として一人前の務めを果たしたと言えるのではないかと思う。しかし、出産し、育児をして子どもを成長させるまでは、さほど問題もなくできるのだが、三番目の独立させることでつまずく母親が多い。

ある人が、子どもに対する日本の母親の甘やかしは世界に冠《かん》たるものだと言っていた。これは日本人の少子指向と経済的な豊かさが、子どもに必要以上に手をかけることになるのだろう。日本の場合、子育ては母親の責任という役割分担に疑問を持たない女性も多い。

アメリカの心理学者ゴードンは、親としての仕事を果たすのもひとつの立派な仕事であるという考えを提唱している。そして「親業」という言葉を発明した。基本的に子どもは親とは別な人間であり、自分のことを自分で決めることができる。親業の最も大切な仕事は、自分で考え、自分で幸福を手に入れられるように、子どもが親離れするのをサポートすることである。出産・成長まではスムーズに行えるのに、子どもを独立させることが苦手な母親は、この親業を果たせないということである。が、彼女たちは、子どもが親とは別な人格であることを認識できないわけではなく、また、子どもがやがて親から独立して自分の道を歩んでいくことを理解できないわけでもない。心のどこかで、独立させたくないという気持ちがあるのではないだろうか。要するに、子どもをいつまでも自分のそばに置いておきたいのだ。

確かに、母親を頼っていたかわいい子どもが、それぞれの世界に旅立っていくことには、一抹《いちまつ》の淋しさがある。が、それを妨《さまた》げてペットのように甘えさせていては、結局は子どもは成長できない。子どもは、親の所有物ではないのだ。登校拒否や家庭内あるいは学校内暴力、いじめなども、子どもを所有物として甘やかすだけで独立させない母親に、原因の一端があるのではないかと思う。

あふれる愛情を注ぎながらも、時期がきたら子どもを独立させる。これが母親にとっていちばん大切な仕事なのである。子どもが結婚して家を出ていく。こういうときに母親がうつ状態になることが少なくない。その気持ちは十分理解できるが、「親離れ」という言葉と同時に、「子離れ」という言葉も大事にしたいものだ。

どうしても子どもを愛せないのはなぜか

最近、自分の血を分けた子どもなのに、どうしても愛せないという母親が、問題になっている。以前から、妊娠に対する無知により、中絶もできず、望まずに出産してしまい、子どもに愛情を注げないというケースはあった。が、これらは、たいていの場合、未婚の母親であったり、また、体ばかりがおとなで、心の発達が遅れた場合に起こったことである。

しかし、最近問題視されている、子どもを愛せない母親や子ども恐怖症の母親の場合は、体も心もおとなで、かつきちんと結婚をし、子どもを持とうと自分で決めて、出産している。が、いざ子どもが産まれてくると、まったく愛情を注げない。時には、憎しみさえも感じてしまうこともある。

なぜ、このようなことが起こってしまうのだろう。いくつか、原因は考えられる。人工栄養に頼ってばかりいるために、子どもとのスキンシップが欠如し、母親としての自覚を持つことができなかったのも、ひとつあるだろう。また、社会的変化により女性の自立を優先するあまり、母親としての役割を過小評価してしまうような風潮も原因としてある。子どもによって、自分の望んでいた人生が得られなくなったという思いが心の底にあり、やがて子どもへの憎悪になってしまうのかもしれない。

明治学院大学の上原征彦氏が、三五歳までの成人女性を対象に子育てについて調査した結果がある。そのデータでは、「日光浴」「散歩」「授乳・食事」などが育児で力を注ぎたいこととしてあげられ、「オムツ交換」は、時間を短縮したいことのトップにあげられている。時間を短縮したいというのは、つまり、あまり好きではない事という意味だろう。

最近では、結婚後もおしゃれや身だしなみに気をつかい、まるで独身女性のように美しく着飾った母親が多い。彼女たちは総じて、きれいでかっこいいことが好きである。そのためか、オムツ交換というウンチやオシッコなどの汚物に触れることに抵抗を感じるのかもしれない。が、多くの母親は育児をしていく上で、かっこよさだけ追求していたら子どもは育てられないということを、やがて体験を通して知る。

問題は、いつまでも子どもを愛せないまま、その憎しみをエスカレートさせてしまうケースである。それには必ず原因がある。夫や舅《しゅうと》姑《しゅうとめ》との関係など、早急にその原因を解明し、幸せな親子関係をつくることが大切である。さらに、うつ状態も子どもへの愛情を希薄にする要因のひとつであることもつけ加えておきたい。

妊娠で会社での立場はどう変わろうとも

子どもを産むか産まないか、ふたつにひとつの選択に悩む女性がいる。その多くは、結婚後も仕事を続けている女性のようである。さまざまな困難を切り抜け、すでにキャリアを重ねた女性たち。あるいは、自分の好きな仕事に就くことができ、それに生きがいを見いだしている女性たち。仕事と家庭の両立をみごとにクリアした彼女たちにとって、次に突き当たる壁は、子どもを持つか持たないかということである。

子どもは、夫とは違う。仕事と家庭の両立にもさまざまな問題はあるが、夫はあくまでおとなである。どのように困難な問題も、お互いの話し合いで、やがては解決する。不可能だと思われることも、あらゆる角度から検討していけば、それを可能にする策はいずれ見つかる。夫が理解してくれれば、さまざまな協力を得ることもできるだろう。

しかし、子どもは出産してそれで終わりではなく、産んでから先がたいへんなのである。

以前に比べれば、企業側も、結婚後も仕事を続ける女性を考慮し、出産に際してのさまざまな待遇を用意している。たとえばある大手の企業では、出産前後に一二〇日間の有給の産休を取ることを認めている。さらにその後も、無給ではあるが、最高一年間の育児休暇を取れるシステムになっている。

しかし、これは全体から見れば、やはりごくわずかである。出産後も仕事を続けたいと願う女性の前には、なかなか厳しい現実があるようだ。出産から育児までのブランクを、マイナスと判断する風潮は、やはり強い。妊娠したら当然即退社という態度で接し、仕事を続けたいとの思いを無視する企業、上司も、多いと聞く。欧米に比べると、まだまだ男性社会の日本では、キャリアアップを望む女性への壁は厚い。

しかし、仕事も子どもも望むなら、そこで挫《くじ》けず、自分の志を強く持って、それを乗り越えていくしかない。

アルトマン研究所が首都圏独身ＯＬ五〇〇名を対象に行った調査からも、多くの女性が出産後も仕事を続けたいと望んでいることは明らかだ。特に三〇歳以上のすでにキャリアのある女性は、「出産まで働きたい」（一二・五パーセント）をはるかに上回る二九・二パーセントの女性が、「ずっと働きたい」と望んでいる。彼女たちの熱い思いは、近い将来、日本の企業、そして社会の姿勢を変えていくのではないだろうか。

現に国会議員の橋本聖子さんが子どもを産み、話題を呼んだ。新しい時代が来つつあることは確かなようだ。

子育ては自信を持ってやってほしい

子どものない夫婦は子どもが授かればどんなに幸せだろうと考える。確かに幼児期の子どもは〝掌中の珠《たま》〟と呼んで差し支えない。

ところが子どもに自我が芽生え成長するにつれ、親子関係もそう幸せな事ばかりではない。今、うちの病院の経営を任せている私の長男は、かつて、小学生の頃によその家庭が素晴らしいものに見えて仕方がないという時期があった。つまり「隣の芝生のほうが青く」見える状態だ。

よその家に招かれた際に、手作りのシュウマイを御馳走になったらしい。帰宅してから、「ママの料理はまずくてかなわない」と言った。

ちょうど、反抗期にあたる時期だったので、私は、ああ反抗期が始まったかと、やんわりと受け止め、放っておいた。すると案の定、しばらくたってから、「やっぱりうちの料理のほうがいいや」などと言い始めた。

親に楯突くと言えば、最近、映画監督としても世界的名声を得ているビートたけし、つまり北野武さんのエッセイを読むと、たけしさんが、あるとき母親から注意されたのに腹立ち、「なんで、俺なんかをすき好んで産んだんだ」と毒づいたところ、母親は、「もしすき好んで産むことができるんなら、お前なんか産みはしないよ」と言い返したという話があった。たけしさんは、二の句が告げられなくなり、黙ってしまったという。

子どもにとっていい親とは、大きな愛情で見守っていてくれる親であって、過干渉、過保護の親はうっとうしいだけである。

ある患者の若い母親は、私が診察している間中、「この子は大きくなったらどうなるでしょう」「何をしてはいけないのでしょうか」「ほしいというものは買い与えていいのでしょうか」などいちいち先の先まで心配して私に問いかけてくる。

本当は、そういう心配を過度にするから、子どもが病気になってしまったのを母親は気付いていない。「ほしいものは買い与えなさい」とでも言ってしまえば、その母親は、どんどん子どものほしがるものを買い与えてしまうだろう。その反対に「子どもには何も買い与えてはいけません」とでも言おうものなら、まったく買い与えないようになってしまう。

そういう一辺倒な対応の仕方が問題なのである。動物を例にとればよくわかる。動物にはファザコンもマザコンもない。動物はみなある年齢に達したら、子どもを非情なまでに巣から追い出してしまうのだ。動物には人間のように子どもの〝引きこもり〟はない。

夫への信頼が欠如するとしばしば子どもに影響が出る

妻の夫に対する態度で大切なことは「信頼」であろう。ところが、よくこの反対の態度をとる妻がいる。

たまたま父親が子どもを叱っていると、その傍らで母親が口を出す。

「そんなこと子どもに言ったって、お父さんだって、しょっちゅう約束を破るじゃない」

「学歴もたいしたことないお父さんが、子どもに勉強しろと言っても無理よ」

こんな調子で母親が子どもの前で父親をけなしたら、父親の権威などあってなきがごとしだ。

私の病院の外来にも中学生くらいの年齢の少年少女が母親に連れられてくる。ほとんどがいわゆる「登校拒否」である。別の言葉を使えば「学校恐怖」だ。

身体的な病気などで学校に行かないのではなく「行けない」のである。多くは、中学二、三年から高校一、二年までのいわゆる「青春前期」を襲う。最初はちょっと熱を出すとか、頭痛がするとかで学校を休む。それがきっかけで学校に行かなくなる。

それが常態化するうちに、家人、特に母親への「物」の要求が多くなる。それも高価な品物を要求するようになる。カメラ、パソコン、ステレオ、ＣＤなどなどである。家人が拒否すると暴力を振るう。母親などは毎日ビクビクしながら暮らすようになる。

今日、社会問題となっている「引きこもり」などもこの延長上にある。

「登校拒否」は男の子に多いが、女の子に圧倒的に多いのはやはり「神経性食欲不振症」というノイローゼである。おとなになれば脂肪がついて身体がふっくらと弾力性をおびてくる。食べなければ一人前の女性として成熟はありえない。だから食べないのだ。最初は意図的に食べない。そのうち本当に食べられなくなる。

要するに、おとなになれば、自分を保護し、可愛がってくれる母親から分離しなければならないという無意識下の恐怖からこうなるのだ。

ここで、私がどうしてこんな子どもたちの例を持ち出したかというと、際立って目立つことは父親が無力的で、母親が強くて支配的な家庭にこのような症状の子どもが多いからである。

両親が子どもを連れて相談に来ても、父親の発言をさえぎってまで、ひとりでしゃべりまくる母親が多い。「家にはひとり怖い人をつくっておかねばならない」のだが、それは母親ではなく、父親なのだ。その辺を母親はもう少し考えてほしい。

仕事と子育てを両立させるさまざまな心くばり

だいぶ前のことだが、「カギっ子」という言葉がよく使われた。両親が共働きで、子どもが家の鍵を持ち、誰もいない住まいに、自分で鍵を開けて帰宅する子ども達のことである。「カギっ子」という言い方は、いかにももの淋《さび》しげで、いささか哀れなイメージがあった。

今や「カギっ子」とは言わないが、その数は昔より増えているはずだ。ここ三〇年で、仕事を持つ主婦は、以前の三倍以上も増加しているからだ。現在では出産後も仕事を続ける女性や、ある程度子どもに手がかからなくなった時期から再び仕事を始める女性が多い。それも、家でやる内職などはほとんどなく、たいていが外に出て仕事をしている。夫や社会の考え方も変化し、マイホーム資金や子どもの学費のためなど、経済的な理由もあるだろう。が、そのいちばん大きなものは、生きがいではないだろうか。妻であり主婦であるとともに、また社会の一員として、仕事を持ち、人生の幅を広げていく。

このような姿勢はひじょうに良いことだ。一生懸命に仕事でがんばっている母親の姿は、きっと輝いて見えるはずだ。母親として家で見るのとはまた違ったひとりの人間が、社会で活躍している。それは子どもにとっても誇らしいものである。

ここで大切なのは、子どもとの関係である。帰宅して母親がいなければ、やはり子どもは淋しさを感じる。仕事をしながらも、常に子どものことを考えているということを、心の中だけでなく、明確な態度で表現していくことが必要だ。そのためには、いつも母親のあたたかさを感じさせる努力を大切にしたい。

学校が終わったあとのひとりの時間がかわいそうだといって、食べ物やおもちゃ、お金をむやみに与えるのは、マイナスの効果しかない。かんたんなものでよいから、帰宅後のキッチン・テーブルの上に、子どもあての手紙を置いておく。あるいは、テープにメッセージを入れておく。そういった、心の交流を、常に持つことである。そして休日などは、一緒にスポーツをしたり、あるいは家族全員で、家の掃除をする。無理せず完璧を目指さず、可能な範囲の中で、スキンシップと心のふれあいを重ねていく。

子どもへのプレゼントもただやみくもに与えてはまずい。与えるならキチンと節目をつけて与えるべきだ。誕生日、入学記念日などを利用する。プレゼントには一応セレモニーっぽく、リボンなどを結んでおく。こういうちょっとした行動が、子どもの生活に節目をつけさせるのだ。

理想的な母親とはどういう人か

自分はどんな母親になるか、ちょっと興味を感じるのではないだろうか。心理学者のサイモンズは、親のタイプを四種に分類し、「受容型」「服従型」「拒否型」「支配型」と命名している。受容と服従、拒否と支配は同じ傾向なので、大まかには二種に代表される。かなり極端な内容だが、それぞれの特徴を紹介しよう。

受容型の母親

- 子どもの言いなりで、要求を拒否できない
- 子どもの体に関して過度に心配し、世話をやく
- 常に子どもと一緒にいる
- 子どもに特権を与え、またお金やおもちゃを必要以上に与える
- 子どもが遠くに遊びに行くのをいやがる
- 子どもと一緒に遊ぶ時間が多いが、ゲームではわざと負けてやる

- 子どもを弁護する
- 子どもをほめ、自慢する
- 子どもの欠点に気がつかない

拒否型の母親

- 子どもの欠点を必要以上に指摘する
- 子どもに厳しい罰を与える
- 子どもと一緒に遊ばず、放っておく
- 子どもを他と比べて批判する
- 「家から追い出す」と言って子どもを脅かす
- 子どもに恐怖感を与える
- 子どもを押入れに閉じ込めたり、戸外に閉め出す
- こどもにお金やご馳走を与えない
- こどもをせっかんする

はたしてあなたはどちらに当てはまるだろう。サイモンズは、この中間にいるのが理想的な親だと提唱している。

こんな母親が「冬彦さん」をつくる

子どもの性格は、母親の影響によるものが大きい。子どもの性格形成にとって理想的なのは、親しみとぬくもりを感じさせ、どこかちょっと「抜けたところ」のある母親だ。何もかも完璧にこなす優等生タイプだと、子どもの尻を叩《たた》いてばかりで萎縮《いしゅく》させてしまいかねない。子どもは圧迫感ばかりを感じて息抜きができない毎日を送ることになる。子どもと一緒になって夢中で遊んだり、時には家事の手抜きもしてしまうような、ちょっと「ずっこけた」母親だと、子どもはのびのびと育ちやすい。

以前、母親と子どもの関係で話題になったのは、人気テレビドラマの「冬彦さん」である。母親がいないと何もできない、いわゆるマザーコンプレックスである。これは永久におとなになりたくないというピーターパン症候群とも同じだ。

実は私も、マザーコンプレックスだった。いや、正確に言うと、バアヤコンプレックスである。八歳までひとりっ子で、甘やかし放題のバアヤのもとで育った私は、泣き虫で内弁慶な甘えん坊だった。一歩外に出るとからきし意気地がないのだが、家ではわがまま放題である。

ハムを出してくれないとごはんを食べないと泣きだしたり、トマトが大嫌いで、見ただけで吐き気をもよおした。が、どんなわがままを言っても、バアヤはそれを許した。あのまま育っていったら、確実に私も「冬彦さん」になっていただろう。が、弟妹が生まれ、火災で家が焼け、小さな家に一家が住むようになると、次第にそれから脱した。

「冬彦さん」をつくるのは、家庭環境と母親である。経済的に恵まれた家庭のひとりっ子で、内気でおとなしい父親と勝気で行動的な母親を両親に持った子どもは、他に比べて「冬彦さん」になる確率がかなり高い。

決定的なのは、やはり母親である。家庭の主導権を自ら握り、夫を尊敬せず、批判ばかりする。その歪《ゆが》んだ愛情のすべてを子どもに傾ける。子どもが自立する年齢になっても解放しようとせず、過保護、過干渉を繰り返す。だいぶ以前から大学受験や就職試験に母親が付き添っていくケースが増えているが、こういうタイプは、「冬彦さん」をつくる母親候補である。誰もが体験するマザーコンプレックスから何歳になっても脱することができない。そういう母親は「過保護の母」と言われるが、「過干渉の母」も大きな影響を子どもに与えることも忘れてはいけない。

子どもは六人産んだつもりで育てよう

世界の人口増加にまるで反比例するかのように、日本の出生率は低下してきた。一九九七年に産まれた赤ちゃんは一一九万人余り。これは明治二二年と比べると、約一四八万人少ない出産数であった。平均値が二人を割り込んでからもうずいぶんたつ。外国では人口抑制のため中国のひとりっ子政策が有名だが、日本の場合は、それとは意味が違う。

子どもというのは、きょうだいとケンカをしたり、助け合ったりする中で、学んでいくことがたくさんある。が、ひとりっ子の場合は、それができない。それによる影響が見えるようなら、克服できるように、さりげない母親のサポートが必要だ。

ひとりっ子にとって、最初の試練の場は、幼稚園や保育園である。それまでずっと家庭の中でたったひとりの子どもとして寵愛《ちょうあい》されてきたひとりっ子は、たいていの場合、団体生活が苦手である。皆の仲間に入れずに、いつも少し離れたところにひとりポツンといる。早期にそれを克服できないと、やがて登園拒否症にもなりかねない。さらにそれがエスカレートすると、引っ込み思案になったり、気の弱い性格になり、それを小学校や中学校、おとなまで引きずってしまうこともままあるのだ。

幼稚園や保育園は、協調性や社会性を学ぶ場所である、きょうだいがいないためにそういう機会を持てなかったひとりっ子にとっては、絶好のチャンスだ。が、すでにスタート時点で、ひとりっ子は遅れをとっている。というのは、きょうだいのある子どもは、入園前に、家庭の中で協調性や社会性を多少学んでいる。つまり、予習をすませているというわけだ。最初から差がついてしまったら、ますます子どもは輪の中に入りにくくなる。入園前に多少の準備ができるよう、公園で皆と遊ばせるなど母親の工夫が必要だ。

しかし、どんなに努力をしても、母親はきょうだいの代わりは務められない。いつもおとなの中にいるために、同世代の子どもとのつきあい方を知らない。躾《しつけ》が行き届いていてきちんと挨拶もでき、どこに連れていっても、おとなたちから良い子だと褒《ほ》められる。こういう子どもは一見社交的で活発であるように見えるが、意外と、子どもだけの輪の中では適合できない場合も多い。こういうハンディを持たせないためにも、母親は、小さな頃から子どもを外に連れだし、同世代の子どもたちの中で遊ばせる時間を多く持つようにしたい。

私が母親たちに「子どもは昔のように六人産んだつもりで育てなさい」と言っているのは、できるだけ多くの人間と接触させ、多くの経験を積ませなさいという意味である。

子どもはきょうだい差別を敏感に感じるもの

二人以上の子どもを持つ場合は、どんなことに注意したらいいだろう。

まず知っておきたいのは、幼児期のきょうだい関係は競争だということだ。おもちゃや母親の愛情などを独占しようと、いつも闘っている。その反面、仲間であるということもわかっているし、どちらが年上かも意識している。つまり、競争意識、仲間意識、上下意識を持ちながら、ともに育っていく。その中で自然に社会性や協調性が育成されているので、ひとりっ子に比べて母親の手もかからない。

しかし、安心してばかりはいられない。母親が間違った介入の仕方をすると、きょうだいがいるゆえのマイナス面も露呈《ろてい》してくる。自分はすべてにおいて劣っているという根深いコンプレックスを幼児期に意識してしまった子どもは、いじけた性格のままおとなに成長してしまう場合もある。

以前、政治家を父親に持つエリート家庭に育ったきょうだいの殺人事件があった。当時京大生だった二四歳の長男が、二二歳の早大生の弟を殺してしまったのだ。それも執拗《しつよう》なほどナイフで刺し続けたという残忍な事件だった。兄はおとなしい内閉性性格のタイプだったが、幼い頃から弟に対して強い劣等感を持っていたようだ。それが爆発し、最悪の事態を招いた。

きょうだいのいる家庭で強い劣等感を持っている子どもが育つ場合、えてして、母親がからんでいることが多い。自覚なしに、きょうだいを差別してしまっている場合である。「おにいちゃんはいつも一〇〇点を取ってくるのに、どうしてあなたは頭が悪いの。誰に似たのかしら」とか、「おねえちゃんは美人で何をやっても上手なのに、あなたはダメね。全然かわいくないわ」など、母親にしてみれば軽い気持ちで言った言葉でも、子どもをひどく傷つけてしまう。いつまでも母親の言葉が心に残り、重圧となり苦痛となる。それはやがてきょうだいへの劣等感と嫉妬心になり、ひがむようになってしまうのだ。

これらは、母親が無意識におかしてしまった、きょうだい差別である。母親は、それぞれの子どもの良い面を見て、上手にほめてやらなくてはいけない。きょうだいを比較したり、同じようなことをしてもひとりは叱り、もうひとりは叱らないなど、少しでも子どもに家庭内差別を感じさせるような言動は、ご法度《はっと》である。子どもの心はナイーブだ。くれぐれも注意して、接してやりたいものである。

やせ細ったスネに頼る子どもの教育費はいくら？

子どもを持たない、あるいはひとりだけしか産まないという夫婦にその理由を尋ねてみると、経済的な問題をあげる人が多い。子どもへの出費は急激に増大し、それは年を重ねるごとに、エスカレートしている。公立の学校に入れるなどの工夫でいくらでも節約できるが、親心というのは、それでは満足できないらしい。さまざまな習いごとをさせてやりたいし、塾へ通わせたり家庭教師をつけて、良い学校に入学させたい。そんな思いは、万人共通のようである。私立幼稚園の寄附金を捻出《ねんしゅつ》するために父親がタバコをやめたという話まで聞くが、我々の世代では考えられないことだ。

しかし、どういう育児哲学を持っているにしろ、親にとって、子どものための経済的な問題は無視できない。将来設計の中に、きちんと組み込んでおかなければならない問題なのである。

そこで、はたして子どもが成長するまでにどのくらいの出費があるか、具体的な数字を紹介しておこう。

子どもが生まれてから大学を卒業するまでの二二年間にいくらかかるか、各種データをベースにして、ＡＩＵ保険会社が試算した数字がある。それによると、まず出産・育児に要する費用は、七八万円。二二年間の食費、衣料費、保険医療・理美容費、おこづかい額、パーソナル所有品代がそれぞれ七四五万円、二四〇万円、一五九万円、五〇三万円、一九七万円で、基本的養育費の合計は一九二二万円にもなる。

さらにこれに、基本的教育費が加わる。いちばん出費が少なくてすむのは、幼稚園から大学まで、公立の学校に通った場合である。が、それでも八七一万円かかり、基本的養育費と合計すると、二七九三万円だ。ギョッとする数字である。さらにこれが私立の学校だったり、あるいは医学部や歯学部などに進んだ場合は、天文学的数字になりそうだ。ちなみに幼稚園から高校までずっと私立で、さらに私立の医科歯科大学に進学した場合は、基本的教育費だけで四二〇九万円もかかり、合計六一三一万円になる。これだけあれば、都内に一戸建てのマイホームも購入できる。

子どもを持つことは、実にたいへんなことである。が、その苦労以上の感動を、子どもたちは親に与えてくれる。その日の喜びのために、せいぜい親たちは、やせ細ったスネを磨いてがんばらなくてはならないのだ。

第2章

どうしたら「夫婦仲」がさめないでいられるか

どうして そういう言い方するの!?
先につっかかったのはそっちだろ!?
ーと、夫婦なら熱くなるときもあるでしょう
でも気をつけて
ケンカでやっちゃいけないこともあります。
①相手の過去のキズに触れること
Don't touch!
(言ったってどうにもならないイヤな気持ちにさせるだけ。)

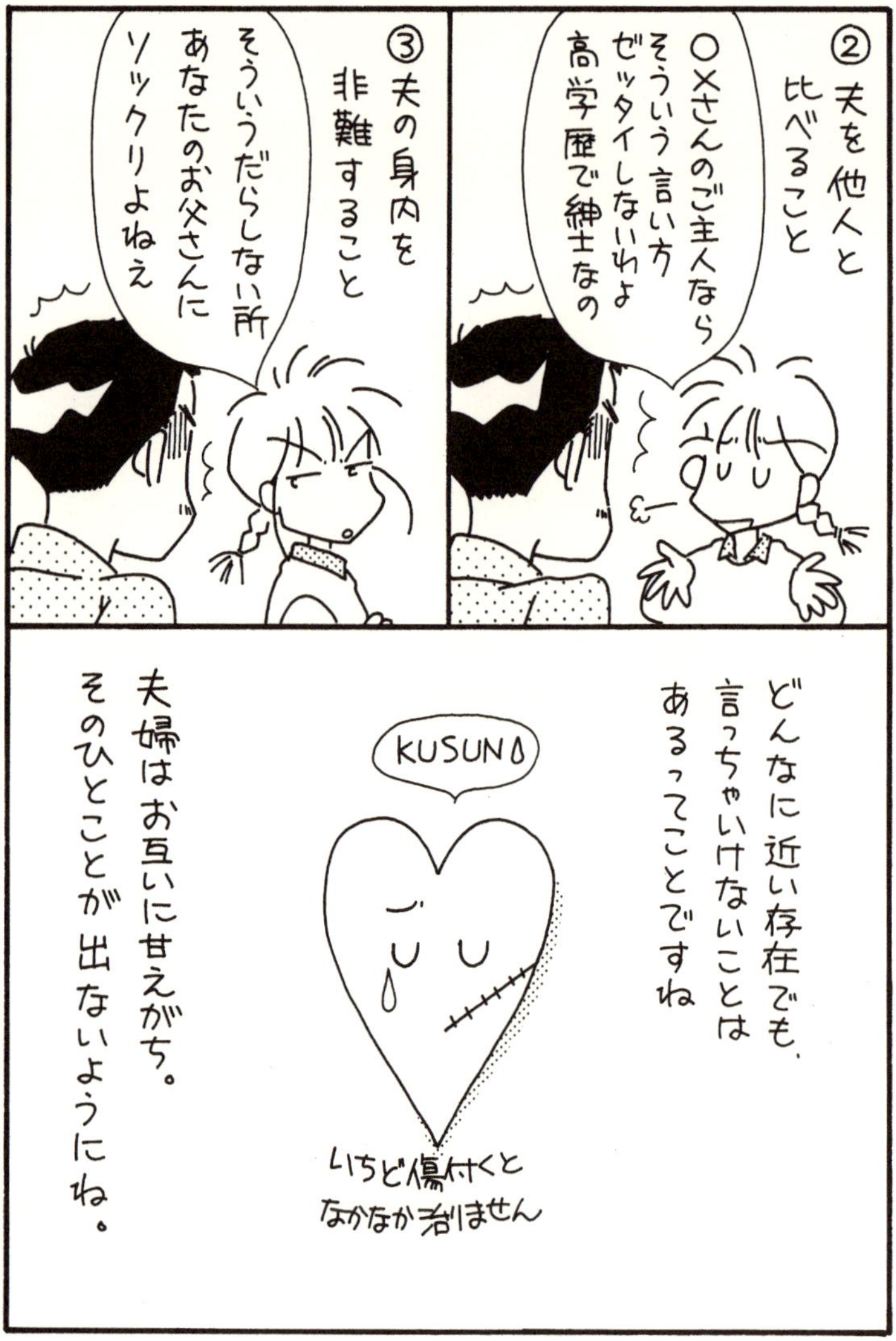
②夫を他人と比べること
○×さんのご主人ならそういう言い方ゼッタイしないわよ高学歴で紳士なの
③夫の身内を非難すること
そういうだらしない所あなたのお父さんにソックリよねえ
どんなに近い存在でも、言っちゃいけないことはあるってことですね
KUSUN
いちど傷付くとなかなか治りません
夫婦はお互いに甘えがち。そのひとことが出ないようにね。

「世の中に幸福や不幸はない」

結婚によって、それまで他人だった二人が家庭を構え、生活が始まる。恋人同士から一歩進んだ新しい関係に、自ずと期待はふくらむだろう。

が、いざ生活がスタートすると、こんなはずではなかったと思うことがあるかもしれない。婚約、結納、挙式、披露宴、そして新婚旅行と、華やかなイベントが続いたあとの新婚生活は、意外なほどに地味なものである。何しろ、目の前には日常生活という現実が待ち受けているのだから。食事の支度や掃除、洗濯など、夢に描いていたロマンチックな生活とは、ちょっとニュアンスが違っている。家族と同居し、それまで家事は母親に任せきりだった女性など、「え〜、うそ〜」と叫びたくなるかもしれない。

しかし、これを結婚のメリットと考えるかデメリットと考えるかは、人それぞれである。「家事に追われて自分の時間がなくなってしまう」という人は、「私の考える結婚ってこんなはずじゃなかった」とデメリットを感じるだろう。が、それをメリットと受け止める人もいる。「今まで家事なんてやったことなかったから、ちょっとたいへん。でも、どんなふうに要領よくこなしていけるか、自分の変化が楽しみだわ」「私の味を創造していこう」。そんなふうに家事をこなしていけば、新しい感動の連続である。要するに、自分の気持ち次第なのだ。

すでに二人とも亡くなられたが、ある劇作家夫妻は、結婚生活が六〇年を超える長きにわたった。夫人は、結婚が実際問題になってきたとき、独身時代に漠然と想像していたのと異なることを実感したそうだ。自分の時間をすべて好きなことをして過ごすことも許されない。食事も相手の好みを考慮しなければならない、などだ。が、「結婚ということは、自分にとって一番大事な相手が生まれるということ。それが、生活の中で確実にたしかめられてきて、絶えず自分の生きることの責任を求められているような気がする」と、言っている。

またあるとき、夫人が「ひとりでいるときの方がずっと楽しかったと思います」と言うと、ご主人も、「不自由さを感じているのはあなただけでしょうか」と言った。そのひと言で、夫人は、お互いに努力してゆくところに結婚生活が築かれることを知ったという。

メリットかデメリットかと考えることから、まずあらためていくことが必要なのかもしれない。「世の中に幸福や不幸はない。自分で幸福と思えば幸福だし、不幸だと思えば不幸なのだ」と言ったのは、かのシェークスピアである。

新婚家庭は異文化交流の独立国

夫婦として一緒に暮らすようになると、意外な一面を発見することがある。それは、生活習慣の違いに顕著《けんちょ》に出る。掃除をする際のはたきの使い方、ぞうきんのかけ方ひとつに、家風の違いが出る。お正月や節句など季節の伝統的習慣を大切にする家庭もあれば、何事もほどほどがよいと考える家庭もある。家族の間でもていねいな言葉を使うのが当たり前と考える家もあれば、ざっくばらんがいちばんと考える家族もある。それこそ、玄関の靴の揃《そろ》え方、箸《はし》の上げ下げまで違う。

しかし、考えてみれば、これは当然のことである。夫婦といっても、ほんの少し前までは赤の他人だったのである。それぞれの家庭には独自の家風があっただろう。それが当たり前と思って長い時間を過ごしてきたのだ。

私は、新婚家庭について、異文化が交流する新しく建国された独立国だと考えている。妻と夫がそれまで育ってきたルールを、そこで無理やり再現するべきではない。同時にまた、すべてを否定し捨て去る必要もない。お互いの生活習慣を披露し合い、ふたりでこれから築き上げていく新しい独立国にはどれが最適か、ひとつひとつ決めていけばいいのである。ある点で、妻の持ち込んだルールが良さそうならそれを採用する。その逆もある。ここでは、ふたりのルールを組み合わせた新しいルールをつくろう、という具合である。無理に自分のルールを相手に強制したらトラブルのもとになる。私と妻も、そうやって家庭を築き上げてきた。

現在の我が家のルールや習慣となっているものは、それぞれが持ち込んだものや新しく作ったものなどが入り乱れている。妻の持ち込んだ習慣のひとつは、食後のコーヒーである。妻の実家では、食後に家族揃ってコーヒーを飲みながら音楽を聞いたり語らったりしていた。結婚前に遊びに行ったとき、私はそれをうらやましく思ったものだ。なぜなら、斎藤家にとってのコーヒーは、父茂吉がこれから勉強するぞというときの眠気覚ましのクスリのようなものだったからだ。妻と結婚後は、さっそくこの優雅なコーヒータイムを我が家の習慣にした。これが新しい斎藤家の家風となっていくのだ。もっとも忙し過ぎてなかなか実行できないが。

妻はものをゆっくり喋《しゃべ》った。実家がそうだったからだ。学校の先輩でもある叔母《おば》が家内に「平安朝」と仇名《あだな》をつけた。それから何年かして、叔母は「あなたの言うことは早すぎてわからない」と言ったそうだ。家内は忙しい斎藤家の人間になったのだ。

夫のホンネとタテマエを聞き分けるコツ

人間には、ホンネとタテマエがある。たとえば会社でホンネで仕事をしたら、上司と部下は衝突ばかりしてしまうだろう。「コノヤロー」と思うことがあっても、言葉にも表情にも出さない。その結果、仕事も人間関係もうまくいくことが多い。これは、取引先の場合、さらにホンネとタテマエは用心して使い分けなければならない。

では、夫婦はどうだろう。夫婦なのだから言いたいことはいくら言ってもよいのだろうか。遠慮なんていうのは水くさいのではないだろうか。これについての私の意見は「ノー」である。夫婦の間にも、時にはタテマエが必要だ。それはだますということではない。一種の相手への思いやりである。

ある女性誌で「夫のホンネ」という特集を掲載していたので、ここで男のホンネとタテマエについて、いくつか紹介しよう。夫が心の底ではどんなことを考えているか、ちょっと興味があるのではないだろうか。

まずは朝のゴミだし。

最近の若い夫婦の間では、夫が出勤途中にゴミを出すというのが当たり前のことになっている。ゴミ捨て場が通り道にあるのだから、ついでに出すだけでいいのだからたいした手間ではないと、妻は考えているのだろう。やさしい夫は、専業主婦の妻に文句も言わず、ゴミがいっぱいにつまった大きなビニールを持って、出勤する。が、ホンネを言えば、そんなかっこの悪いことはしたくない。

「澄み渡った朝の空気の中で今日も一日がんばろうと意気込んでいるところなのに、その気分もたちまち萎《な》えてしまう」

「ゴミ捨てがいやなわけではないが、かっこ悪い。せっかくのスーツ姿も台無しだ」

など、夫のホンネとしては、たいした距離じゃないのだから、自分が捨てに行けばいいのにと思っているようだ。そういえば、以前、巨人の有力な選手がゴミを出している姿が写真週刊誌に出ていた。

この他に、「出勤時や遅く帰宅したとき、妻が寝ている」「子どもの塾の送り迎えは車でするのに、夜帰宅するとき電話をして迎えを頼んでも、バスを使えばと言われる」「食事にしばしばコンビニ弁当が出る」など、案外日常的なことが多い。

たまには夫のホンネを聞き出してみることも必要かもしれない。

社会での夫の領分はおかすべからず

大恋愛の末に結婚した若い人に、ときたま意外なことを言う人がいる。新婚ほやほやだったからさぞやのろけることだろうと予想していたのだが、彼の口から出てくるのは、グチばかりであった。何でも知りたがる妻が疎《うと》ましくて仕方がないらしい。

朝食のテーブルでは、今日のスケジュールはどうなっているのか、どういう仕事をするのか、何時頃に帰ってくるのか、立て続けに喋るので、新聞さえ読めないそうである。また、帰宅すると、半ば強制的にその日一日の行動を報告させられる。昼食のメニューまで知りたがるくらいだから、少しでも帰宅が遅れると、いったい何をしていたのかと詰問《きつもん》され、まるで怒られているようなのだそうだ。

家で待つ妻としては夫の一日の行動をできるだけ知っておきたいということなのだろう。妻にはあれこれ聞くにしても別に他意はないのだ。しかし、毎日のことだから、尋問を受けているような圧迫感を夫は感じるのだろう。

賢明な妻は、やたらに夫の行動を詮索《せんさく》しないものである。男性心理というのは不思議なものでも、何でもないことでも、妻が知りたがれば知りたがるほど、それを隠したいと思うようなこともある。そこに深い意味はない、単なる反抗心である。過保護な母親に反抗する思春期の子どもみたいなものである。こういう時は放っておくのがいちばんである。妻が何も聞かなくなると、今度はどうしても聞いてほしくなる。帰宅したとたん、夫から自分が今日一日何をしていたか喋りだすこともあるだろう。妻はこういう男性心理を理解してあげることが必要だ。

特に注意したいのは、夫の仕事への口出しだ。たとえば野球選手がスランプに陥ったとする。それを妻が家でテレビを見て、帰宅した夫にバッティングフォームについて口出しをしたらどうだろう。夫としては、いくら妻でも「素人は黙っていてほしい」と思うに違いない。

ただし、夫から相談された時と、明らかに夫がアドバイスを求めているとわかった時だけは別である。このような場合は、夫のためにはいちばんどうしたらいいか親身になって考え、アドバイスをしてあげたい。仕事という聖域に妻を入れてなるものかと思いながらも、実は心の底では妻を頼りにしている――男とは、そういうものなのだ。

最後に夫の立場から言っておきたい。妻がやたらに自分を詮索するよりも、黙っている方がはるかに「恐怖を感じる」ということを。

ジェラシーは正面からよりもカーブで攻める

「うちの女房は嫉妬《しっと》ぶかくて」などと、ホンネだかのろけだかわからない言い方をする男性がいる。ジェラシーというと女性の専売特許のようなイメージがある。それは、往々にして女性のほうが男性より、ヒステリー傾向が強いためだ。精神医学でヒステリーという病気がある。この病気の根底に存在するのは、ヒステリー性格と呼ばれる性格である。ジェラシーは、その性格の特徴のひとつでもある。ヒステリーの語源は、ギリシャ語のヒュステロである。このヒュステロには、子宮という意味がある。要するにヒステリーとは子宮でものを考える人特有の精神状態と解釈され、古来から女性につきものと考えられていた。

このように書くと、女性を原始的で動物的だと言うのかと憤慨《ふんがい》する人があるかもしれない。が、ヒステリーもジェラシーも、純粋であるがゆえに起こる心的な反応だ。女性がジェラシーにとらわれるのは、言うなれば、いつまでも純粋な心でいるからだとも言える。

また、往々にして、女性は男性より虚栄心が強い。その虚栄心が、他に対する攻撃性となって表現される。そのエネルギーとなるのが、ジェラシーでもある。

ジェラシーは、それをバネとして向上していくパワーを持つ。ライバル意識の本質も、ジェラシーだ。だから、一概に悪いものとは決めつけることができない。が、こと男女間のジェラシーにおいては、あまりプラスになる要素はない。たいていの場合、向上とは反対の、自虐的《じぎゃくてき》方向に進んでしまうからだ。たとえば、何気なく夫が友人の奥さんをほめたとしよう。そこでもしあなたがジェラシーを燃やしたらどうだろう。そこには、その奥さんより自分が劣っているという劣等コンプレックスと、夫に対する見境なしの独占欲が渦巻いている。そんなあなたを見て、夫が魅力を感じるはずはない。過度のジェラシーは、夫婦関係にとってはマイナスの存在である。女房妬《や》くほど亭主もてず、という川柳《せんりゅう》もある。

三島由紀夫と熱烈なチークダンスを踊ったというゴシップめいた記事が掲載された時、女優の中村メイコさんは三島夫人に謝《あやま》った。すると夫人は、「メイコさんも小柄でいらっしゃるし、私もチビだから、それはきっと、私と踊っていたのを見間違えたのよ」と笑って答えたという。

嫉妬心を燃やすよりも夫を信じるほうが、妻の株は上がる。もしジェラシーをぶつけるなら、ストレートよりも、カーブを投げた方が、男性には効果がある。ジェラシーは「こんがりキツネ色」で焼くべきで、「くろぐろと黒こげ」となってははるかに効果は少ない。

アツアツ時代が過ぎても言葉のキャッチボールは忘れない

ときたまテレビを見ていると野球選手と人気アナウンサーの婚約発表をとり上げている。最近はこういう組み合わせが多いそうだ。ご当人たちはじつに嬉しそうだ。このテの話題にうとい私でも、うまくいけばいいなと思う。

ふつうは、結婚してしばらくすると、婚約時代や新婚時代のアツアツムードは、次第に薄れていく。新婚当初、出勤する朝や帰宅した時、きれいに化粧をして玄関で微笑んでいた妻が、いつのまにか化粧もしなくなり、さらに時間が経《た》つと玄関にも出てこなくなる。最後には自分はベッドから起きようともしない。これでは夫はがっかりである。

妻からの不満もある。台所で夕食の支度をしているときに、さりげなく近づいてきてかまってくれたり、毎日のように愛していると言っていたのが、まるで関心を失ってしまったかのように、妻をないがしろにする。それが結婚生活というものだという人もいるだろうが、いまの若い人は納得できないはずだ。砂を嚙《か》むような結婚生活ならひとりのほうがいい。あるいは、若いうちなら別れて別の人を探して再婚してもよい。こう考えても不思議ではない。

そのようなトラブルを起こさないためにも、私は、常に夫婦の会話を大切にすることを提案する。新婚時代を過ぎて、お互いに遠慮のない間柄になってくると、夫婦であることの甘えから、うっかりすると相手への思いやりを忘れてしまう。夫婦の会話といっても何も特別な話をしなさいというわけではない。「いってらっしゃい」「おかえりなさい」でも、そこに妻として心をこめてあいさつをすれば、夫は何かを感じるのだ。「おかえりなさい、今日は疲れたでしょう」などと妻が心からいたわってくれれば、疲れて口もききたくない夫でも、ひと言ぐらい感謝の言葉が出てくる。

妻も、帰宅した夫にくつろぐヒマも与えず、子どもの学校のことや税金のこと、家の修理のことなど、待ってましたとばかりに相談を持ちかけるのはどんなものだろう。会話というのは、自分だけ一方的に話すことではない。夫の心理状況をよくつかんで話をするようにに心がければ、夫婦のコミュニケーションはグンと深まるはずだ。

要するに、夫婦関係も親子関係も「適度」の会話によってうまく維持されるものだ。対話がなくなったとき、ひとつの危機が来たと考えてまず間違いはない。だが、いくら会話が大事といっても相手に不快感を与えるようでは困る。多過ぎてもいけないし、少な過ぎてもよろしくない。重要なことは、相手に「合わせる」対話であってほしいということだ。

上手な夫婦ゲンカの極意を知っておく

父茂吉に、こういう短歌がある。

「歯をもちて割るはしばみの白き実を従ひてくる妻に食わしむ」

「みごもりし妻いたはりてベルリンの街上ゆけば秋は寒しも」

これは、大正一三年の頃、母を伴ってヨーロッパを旅した時に、歌ったものである。

それから一〇年を経て、昭和八年正月に、父はこう詠んだ。

「夫婦喧嘩で飽くこともなし」

これは、アララギの同人一一人が集まって、「冬の夜」と題する連句の会を開いたときのものだ。丁度真ん中あたりである。

理想的な夫婦とは何だろう。夫婦円満が良いのは誰でも理解できるが、それは波風を立てないということではない。しょせん夫婦は他人である。ならば、衝突があって当然である。結婚以来一度もケンカをしたことがないという夫婦の話をたまに聞くが、却って不自然な印象を受けるのは、私だけだろうか。私は、夫婦だからこそ、時にはケンカもするべきだと思う。

しかし、夫婦ゲンカをすべて肯定するわけではない。していいケンカといけないケンカがあると思う。ケンカが上手にできる夫婦ほど、お互いの関係に危険が少なく、仮に危機に直面したとしてもそれを上手く切り抜けられるというのが、私の持論である。

要するに、円満の秘訣は、いかに上手に夫婦ゲンカをできるかではないだろうか

ケンカ上手な夫婦とは、激しく衝突して大声で怒鳴りあっても、一時間後には、それを忘れて仲直りできるような夫婦だ。大声を発するとともに、相手への不満をすべて外に出してしまう。ケンカをしても根にもたないことが大切だ。逆に、たいしたケンカではないのに、いつまでもそれにこだわり腹の虫を抱えているのはケンカ下手。ちょっと陰湿な夫婦関係に陥ってしまう。

人間なら相手に腹が立つことも、八つ当たりしたい時もある。が、どんなに理不尽なケンカでも、後くされなく終わりたい。梅雨のようにウジウジしたケンカはやめて、カラリと爽《さわ》やかな五月晴れのようなケンカができる夫婦になりたいものだ。ケンカの後二人は内心不愉快になり、何とかこの場をおさめたいとひそかに願っている。ところがケンカを「再発」させ「発火」させるのは「むし返し」である。ついついやってしまうのが、この「むし返し」だ。むし返さないためには、極めて平凡ではあるが、ガマンしかないのだ。

収入が夫を上回ってしまった時のちょっとした気づかい

女性が結婚後も仕事を続ける場合、もうひとつ、気になる問題がある。それは、収入である。時代が変わったといっても、やはり日本の男性の意識の中には、男が大黒柱となって家庭の経済を支えていくという考えも強いから、妻の収入が上の場合、いつか問題が発生してくる場合が多い。表面上は髪結いの亭主を気取っていても、心の中では、肩身の狭い思いをしている男性も少なくないはずだ。

夫婦ならひとつの財布のようなものだから、どちらが収入が上でもかまわないじゃないか、そんな声も聞こえてきそうだが、そうもいかないケースもある。実際、芸能人などの離婚を見ても、妻のほうが人気が高かったり、夫が事業に失敗したケースが多い。経済力のバランスがくずれてトラブルに陥った夫婦は、思いのほかその関係を修復するのが難しいものだ。

古い考えだといわれるかもしれないが、やはり私は、妻が夫を立てることが最良の策ではないかと思う。ただし、これが案外難しい。前面にそれを打ち出してしまうと、却《かえ》って夫に劣等感を与えてしまうことになりかねないからだ。さりげなく夫を立て、頼りにしていることを感じさせることが、大切だ。夫婦ゲンカの際の行きがかり上の言葉であっても、絶対に、自分のほうが収入が多いことを口に出すべきではない。

作家の林真理子さんが、結婚前に、ご主人から、「ボクの給料でやっていってくれますか」と質問されたというような話を、どこかで読んだ。売れっ子作家の彼女は、一般のビジネスマンとは比べようもないほど高収入だろう。が、結婚後の雑誌のエッセイで、ご主人に大型テレビを買ってもらったことを、うれしそうに書いていた。ご自身の収入なら、すぐにでも購入できるだろう。が、ご主人からのプレゼントには、愛情も添えられている。林さんの文章には、心の底から喜んでいる様子が見られた。

中村メイコさんも、結婚以来、ずっとご主人の収入で家計をやりくりしているという。賢明な女性は、決して夫をコキオロシたりしない。夫婦関係はなにも収入の多寡《たか》ばかりで成り立っているのではない。妻の場合、夫との関係が人生の根本となる。そこが揺らいでいれば、何をしてもおもしろくなくなる。妻の収入が夫より少々多いといっても威張ったり、見下したりするようなことではないのである。かつてロサンゼルス・オリンピックで最初に日の丸をあげた選手の奥さんが、「さすがウチの主人」と言ったことを思い出した。

性格タイプからみた相性の良い夫婦、悪い夫婦

夫婦にも、やはり相性はある。最高に相性の良い相手と恋愛し、結婚できればそれに越したことはない。が、相性は悪くとも、夫婦として暮らすうちにそれぞれの性格が変わり、幸せに一生を添い遂《と》げる場合も多い。そういう意味では相性などあまり気にする必要はないが、参考のため、人間の性格タイプから夫婦の相性について紹介しておこう。

人間の性格は、おおまかに五つのタイプに分けられる。無口で真面目で非社交的、心に内と外がある「内閉性性格」。社交的でこだわりがなく、融通がきく「同調性性格」。几帳《きちょう》面《めん》で義理堅く、丁重な反面、時に激怒する「粘着性性格」。自己中心的で派手好き、お調子者で人をねたみやすい「自己顕示性性格」。いつもクヨクヨしていて自信がなく、人の言ったことを気にする「神経質性格」。たいていは偏《かたよ》った性格ではなく、いくつかを併《あわ》せ持っている。

さて、この中で日本人の夫婦に多いのは、内閉性性格の夫と同調性性格の妻という組み合わせである。いわゆる無口な夫と、世話女房タイプの妻という組み合わせである。これ

は相性から言っても良く、お互いの個性を認め合えば、ベストカップルになれるだろう。また、この同調性性格の妻の場合は、こまかなことにこだわりがなく、正反対の神経質性格の夫とも相性がいい。反対に、夫が同調性性格で妻が内閉性性格の場合も、相性が良い。人づきあいのよい夫が、しばしば人の誘いを断れずに帰宅が遅くなっても、内閉性性格の妻なら、口うるさく言わない。これもベストカップルとなれるだろう。

問題なのは、同調性性格同士、あるいは、自己顕示性性格同士の夫婦である。前者は夫婦ともに社交的なので、家庭内でトラブルが起こりやすい。また、後者は、お互いのことを無視して自己中心的に考え、行動してしまう。エゴむきだしになってしまったら、当然家庭は常にゴタゴタの連続だろう。これは友人にも当てはまるが、意外に自分と同じ性格やタイプの人間というのは、うまくいかないことが多い。長所も短所も同じであるため、お互いをフォローし合うことができない。親友は自分とまったく違うタイプの性格であるケースが多いのは、このためである。似た者同士で唯一《ゆいいつ》相性が良いのは、内閉性性格同士の夫婦である。それぞれが自分の世界を持ったおとなのカップルといえるだろう。が、一度問題が生じると、それぞれ自分の殻に閉じこもってしまうという危険もある。

相性の悪さも、お互いを思いやる心で良く変えていくことが、夫婦にとって何より大切だ。

夫婦間で絶対におかしてはならない三つのタブー

先年亡くなられた遠藤周作氏は、何組もの夫婦の仲人を務めていたという。仲人の特権か、彼らの新婚生活もよく知っていた。ある後輩の夫婦は、新婚時代に、夫が妻に殴《なぐ》られるという非常事態に陥った。酔っぱらった夫が家の玄関を開けたとたん、待ち構えていた奥さんに正面から殴られ、大乱闘になってしまったそうだ。その夫婦が、三日後に遠藤さんの家を訪問したときの姿が、こっけいだ。妻は腕に包帯を巻き、夫は眉間《みけん》に絆創膏《ばんそうこう》を貼った姿で、遠藤さんは大笑いをしたそうである。

これがおかしくてたまらなかった遠藤さんは、別の後輩の仲人を頼まれた時、ひとつのアドバイスを与えた。それは、夜遅くに酔っぱらって帰宅するなら、玄関を開けるときに前方に注意しろというものだ。酒好きの新郎さんは遠藤さんのアドバイスを忠実に守っていたが、結局また新妻の暴力に遭遇してしまった。じゅうぶん前方に注意して玄関を開けたのに、今度は上から新婦が飛び掛かってきたのだそうだ。この二組の夫婦は、今でもひじょうにうまくいっている。こういう夫婦間の格闘は暴力というより一種のスポーツで、愛情の裏返しだったり、ちょっとしたいたずらと同じようなものである。

それよりも、私が危惧《きぐ》するのは、夫婦ゲンカで興奮したあまり、お互いがもっとも触れられたくない問題に触れてしまうことである。夫婦間にも、絶対に触れてはならないタブーはある。行きがかり上とはいえ、もしそれに触れてしまったら、心の底に深い傷を残すことになる。

そのタブーを代表するものは、三つある。まずひとつは、過去のキズに触れること。それを言ったからといっても今さらどうにもならない過去のことを持ち出すのは、生産性がない。人間なら誰でも、ひとつやふたつ、スネにキズを持っている。が、それを自分でじゅうぶん承知しているだけに、人からその傷痕を指摘されたくはない。

また、他人と比較して夫を責めるのもまずい。男というのは、表には出さなくても高いプライドを持っている。それを傷つけられると、自分をすべて否定されたような気分に落ち込むものだ。

そして三つめは、相手の身内、特に両親を批判しないことである。自分の身内を非難されたらどういう気持ちになるか、それを考えて行動するべきである。

欲を言えばもうひとつある。お互いの「肉体」に触れてはいけない。「ハゲ」「デブ」「短足」などは言ってはならぬ。

最も熱中する趣味は夫婦別のものがいい

恋愛結婚が増えている昨今、つきあいのきっかけが、共通の趣味を通じての出会いだというカップルが多い。我々の年代からすれば、こういう夫婦は、実にうらやましい。見合い結婚が当たり前だった世代では、相手が何を好きか嫌いかもわからずに結ばれたケースも少なくない。いざ結婚してみると、食事の好みが正反対だったり、いろいろと問題が起こる。昔はそこを妻が折れてなんとかやっていくケースが多かった。

そういうふうに考えていくと、共通の趣味を持っているということは、実に素晴らしいことだ。休日の過ごし方も、すぐに話がまとまるだろう。ダイビングが共通の趣味ならどこかに潜《もぐ》りに行けばいい。映画が好きなら、一緒に話題の新作を観にいけばいい。好きなことをしている時は誰でも機嫌が良いから、お互いに最高の気分で時間を過ごすことができる。

しかし、ここでちょっと待てと言いたい。同じ趣味を持っていれば、何もかもすべてがうまくいくだろうか。

私の持論は、できれば、夫婦は共通する趣味を持つ。ただし、最も熱中している趣味は、夫婦別々のものが良い、である。つまり、二番目からは同じ趣味で良いが、一番目だけは、お互いが無関心なものが良いということである。

これはなぜか。

一番好きな趣味というのは、ともすれば、趣味の領域を超えんばかりに夢中になる。すると、ことそれに関しては、誰にも負けたくないという気持ちも湧いてくる。そもそも趣味というのは、アクティブなものでも、コレクションでも、すべて競争が根底にある。ここがポイントなのだ。最も熱中している趣味が夫婦同じなら、ふたりは強力なライバルになる。たとえ夫婦でも、負ければ悔しい。どうしてもどちらか一方の都合がつかずに、ひとりだけその趣味を楽しんだときは、やっかみたくもなる。最初のうちは楽しくやっていられても、一〇年、二〇年と経つうちに、いつか衝突する日もくるだろう。そういうことから考えて、やはり一番目の趣味は別々に持ち、お互いの領域をおかさせないようにすることが理想的ではないかと思う。

その代わり、二番目からあとは共通の趣味をどんどん増やし、大いにふたりで楽しめばいいのである。電気もプラスとプラスならスパークを起こすのと同じリクツだ。ただし、相手の趣味を理解する、少なくとも妨害しないという線が好ましい。

マンネリ打破には旅行がよい

夫婦の旅行の思い出はたくさんある。その中でも特に印象に残っていることのひとつが、汽車の本を書くために、メキシコ北部の「チワワ太平洋鉄道」という山岳列車に乗りに行った時のことだ。二千数百メートルという高所を走る鉄道だから、ヨーロッパの列車のような優雅さはない。いつ汽車が来るともわからないようなさびれた山間の駅で停車すると、いっこうに走りだす様子もない。

女房がホームと反対側に下車し、汽車に乗っている私の写真を撮ろうとした。が、そのとたんに、発車のベルもなく、突然汽車が走りだした。あわてた女房は急いで汽車に乗ろうとしたが、なかなかステップに乗れない。私は手を取って引き上げようとしたが、汽車のスピードは速くなっていくし、小柄な女房には、なかなか手が届かない。何とかケガもなく引っ張り上げることに成功したが、車掌がこわい顔をしてやって来て叱った。やや落ち着くと女房は言った。「汽車があんなに高いとは思わなかったわ」。

結婚して何年かが過ぎると、同じことの繰り返しになってしまった夫婦生活に、魅力を感じなくなってしまうことがある。そこには日常生活があるのだから、マンネリ化して当然だ。が、そのマンネリを放っておくと、それはやがて夫婦の倦怠期《けんたいき》へと発展していく。そうなる前に何とか手を打っておきたいものだ。

マンネリ打破にいいのは、夫婦そろっての旅行である。旅行の効用は、無限にある。まず第一に、夫婦そろって新しい発見や感動に出会うことができる。知らない土地を旅し、初めて見る景色に感激し、初めて知ることに好奇心をくすぐられ、その土地ならではのおいしいものを食べる。毎日一緒に暮らしていても、案外、このように夫婦が共に好奇心を燃やしたり、何かを発見したり、感動にひたることというのは、まず経験できないものだ。

また、その旅行をきっかけに、夫婦がいたわりあう気持ちが持てるようになるのが、第二の効用だ。スケジュールを立てたり、ホテルや乗物の手配をしたり、旅行にはさまざまな準備が必要だ。また、出発してからも、初めての土地では、多少の不安がある。そんなとき、互いの足らざる部分を夫婦なら補い合うことができる。力がいることは夫、こまごまとしたことは妻という具合だ。特別に贅沢《ぜいたく》な旅行や、遠出をしなくてもいい。

旅には少々のストレスがつきものだ。夫婦協同してそのストレスに対抗する行為が、二人の絆《きずな》を強くする。

第3章

どうしたら「嫁姑」はわかりあえるか

さて
嫁&姑
人類共通のテーマでありますが、
お姑さんは「人生の大先輩」
これは頭に置いておくといいんじゃないでしょうか。
かといって、100%言われることをこなそうとすると
はー!っ
疲れた・・・
ーになってしまいます。
出来る範囲で。

嫁と姑は
新入社員
お局さま
――のようなものじゃないでしょうか。
家来じゃないけど後輩。
やることを見習う。
姑の仕事は とらない。
グチは聞く。
時にはたてて。
ここ教えて下さい
あの嫁は努力はしてるのよね
全然できないけど
きゃーっ
ガシャーン
と感じてもらえたら大成功
その日まで
ま、いろいろあるわよね!
はっはっはっ
そのうち何とかなる!
―と思ってやっていきましょう。

第三者に舅《しゅうと》・姑《しゅうとめ》の悪口を言わない

「女が一番良いときが〝娘〟で、家に入れば〝嫁〟で、古くなったら〝姑〟だ、と教えられ、なるほどと思う反面、〝家に入る〟だの〝古くなる〟だのいやだなあ、と思った」

と言うのは、大宅映子さんである。その大宅さんは長男に嫁いだが、二人きりで過ごしたのは結婚後一年。その後、舅・姑・義弟の住む家で同居を始めることになった。それが決まったときすぐに、

「主人は古巣へ帰っただけのことで、新参者は私だけであるから、人数からいっても四対一。いくら私ががんばったってかなうわけがない」

と考えたそうだ。そこで、ご主人の家族はさっぱりした性格だったこともあり、大宅さんは、娘がひとり増えたような感じだろうと、自分に都合の良いように解釈して、遠慮しないで生活することに決めた。

そもそも大宅さんは、必要以上に人に気をつかうことは嫌いだったそうだ。自分自身丁重すぎるもてなしを受けると気分が悪くなるタイプだったから、日頃から人には、押しつ

けがましいもてなしよりも、素っ気ない風を装《よそお》って気を配り、ちょっと居心地よいくらいのもてなしをすることを心がけていた。その方式を、ご主人の家族との同居の際も取り入れたのだ。といっても、細やかな大宅さんのこと。嫁として最低限必要なことは、積極的にやった。その代わり、無理や必要以上の努力は絶対にしないようにしたのだ。

舅・姑の性格によっては最良の方策でない場合もあるかもしれないが、たいていの場合、がんばりすぎは失敗のもと。どんなに取り繕《つくろ》っても、一緒に生活をしていれば、やがてわかってしまう。最初から地のままの自分を出して、舅・姑に理解してもらったほうが、案外うまくいくものである。

こうして大宅さんは同居生活を成功させたが、姑に対して感心したひとつは、義姉にさえ嫁の悪口を言わなかったことだそうだ。嫁であれ姑であれ、第三者を通じて、相手が自分の悪口を言っていたと聞くことほど、いやなことはない。信頼関係も、壊れてしまう。どうしても言いたいことがあるなら、直接言ったほうが、解決につながるだろう。ただしこの場合、やわらかい言葉を選ぶことだけは忘れてはならない。

いずれにしても対人関係は、深入りしすぎてはいけない。情緒過剰は一見いいようにみえるが、結果的には墓穴《ぼけつ》を掘ることになりかねない。

嫁は家族の幸せの核となる存在だと思えばいい

五〇歳以上の男女五〇〇〇人を対象に、「老後の楽しみ」について、ある機関がアンケートをした。調査結果の第一位は「家族のだんらん」で、それに「テレビとラジオ」「近所の人たちとの茶飲み話」と続いたそうである。

この結果は、人間は年齢を重ねるとともに、より人とのふれあいを求めるようになり、そこに人生の楽しみを見い出すことを顕著《けんちょ》に表していると思う。ひとつだけ異種が紛《まぎ》れ込んでいるように見える第二位のテレビやラジオも、結局人とのふれあいの代替品なのだろう。気難しい、あるいは口うるさい舅・姑も、心の中で求めているのは、やはり人とのふれあいなのではないだろうか。そして、それを与えてくれるのが、「家族」である。これは、時代が変わっても不変のもの。家族は、支え合い、心を温め合うものなのだと思う。

では、その核となるのは誰だろう。舅・姑や夫ではなく、私は、お嫁さんではないかと思う。「家」に新しい風を吹き込んでくる嫁。それが、幸せあふれる家の鍵を握っているのだ。

そう考えてみると、嫁の責任は重大である。が、それと同時に、皆が明るい気持ちで過ごせるかどうか、嫁の気持ち次第でどうにでもなるのである。わざわざ、ふれあいのない暗い家族を望む嫁もいないだろう。ならば、少々嫌なことがあったって、「自分が主役なんだ」というつもりで、割り切っていくことも大切だろう。

おしどり夫婦で知られる神津善行さん・中村メイコさん夫妻は、ある時から、それぞれの母親を加えた三世代の大家族での生活を始めた。こまかな問題はあるだろうが、スペース的に許されるなら、これはひとつの理想的な家族の在り方だ。かくいう私も、現在娘や息子家族三世代一五人と一緒の敷地に暮らし、大家族主義を実践している。しかし世の中一〇〇パーセントはないというのが私の思いであるから、今完全なりとは思っていない。それで満足している。

中村さんの場合、以前から姑と一緒に暮らしていて、最初はグチをこぼしたものの、いつのまにか笑ってそれを受け止められるようになったそうだ。今はそのお義母さんも亡くなったが、晩年、おみやげに黒砂糖の菓子を届けて、「メイコさん、私を殺す気なんですか?」と言われたこともあったそうだ。どんなにできた嫁に対しても、ときに姑は理不尽なことを言うもの。それを包み込むおおらかな気持ちを持つことが大切である。嫁は自動車でいえばショック・アブソーバーの役目を果たすものと考えればいい。

嫁姑戦争は最高のボケ防止

以前、世間の格好の話題となった〝嫁姑戦争〟があった。落語家の桂菊丸家である。桂菊丸さんとその妻の泉アキさんは、同棲時代から、姑の大塚稲子さんと同居していた。祖父母によって育てられた泉さんにとって、「イネさん」は、姑というより実の母親のような存在で、イネさんも自分を実の娘と思ってかわいがっていてくれたとずっと信じていた（?・）のである。が、イネさんにしてみれば、「おかあさん」でなく名前で呼ぶ上、家事も育児もすべて姑任《まか》せの泉さんへの不満はいっぱい。ついに堪忍袋《かんにんぶくろ》の緒《お》が切れて、『天に代わりて嫁を討つ』という本を出版するに至った。

これには泉さんもびっくり。が、負けてはならじと『おごる姑は久しからず』という本を記して、姑を迎え討《う》った。

とはいうものの、この二冊の本を読んでいる限り、本当の親子のような、理想的な嫁姑の姿がかいま見える。お互いに堂々と悪口を言えるほど、二人の心は通じ合っているのである。

泉さんは、著書の中で、嫁姑関係をうまくやる秘訣なんていうものがあったら教えてほしいと言いながら、「少なくともマズくならないための秘訣」があると書いている。それは、一緒に共通の遊びをすることだそうだ。泉さんはそれを実践し、ノセられた姑さんは、カナヅチだったのにスイスイ泳げるようになり、スキューバダイビングまでマスターした。六九歳でオートバイの免許も取得した。ちなみにこれは、地元の警察での最高齢だったそうである。

これには感心した。私は医学者の立場から、姑がボケずにすみ、身体は衰えてもハツラツとした頭と心を持ち続けられるためには、嫁が三つのことを実践することが必要だと考えている。

それは第一に、働けるうちは姑にどんどん家事をやってもらうこと。第二に、気長に話し相手になってあげること。第三に、何か趣味を持たせることである。泉さんの〃ダメ嫁〃ぶりは、すべてこれの実践につながっている。惜しくも最近亡くなられたと聞いたが、大塚さんは、外見も頭脳も明治生まれとは思えない若さだった。

「嫁姑は合わせ鏡みたいなもの。もし姑のニコニコ顔や、やさしい顔を見たいと思うのだったら、自分がニコニコして、やさしくするしかないようです」という泉さんの言葉を参考に、嫁姑戦争を楽しんでみるのもいいかもしれない。

姑のこだわりは尊重する

昨年結婚したばかりの知り合いのお嬢さんが、姑の行動にちょっとびっくりしたことがあるという。ひとりっ子と結婚したのでいずれは同居する予定だそうだが、相手の両親を淋しがらせないようにと、週末などを利用してちょくちょく泊まり掛けで遊びにいくそうである。そういう機会に家事をする姑を見て、驚かされたというのである。

その姑はわりあいと神経質で几帳面、自分の生活リズムを大切にするようで、息子夫婦が泊まっている間も、毎日きちんと家事をこなす。それが、玄関の掃除から始まり、居間を片付け、廊下を磨き、舅の洋服にブラシをかけて、という具合に、まるでロボットのように、毎回同じ手順で家事を進めていく。見ていると、ずいぶんたいへんそうに感じる。そこでたまの日曜日だから私が替わりましょうと、そのお嬢さんが手伝いを申し出ると、ひじょうに不機嫌になってしまうという。

こういうタイプの人は、自分で決めたルールにのっとって、すべてを規則正しく行わないと、気がすまない。食器の並べ方にまでこだわり、シーツにシワ一本あるだけで、落ちつかなくなってしまう。他人が洗濯物をたたんでくれても気になってもう一度自分でたたみ直すタイプであろう。へたに他人に介入されると、すべての歯車が狂ってしまうのだ。「あ〜あ、同居するようになったらどう対処したらいいんだろう。先が思いやられるわ」と、そのお嬢さんは言っていたが、確かによほどおおらかなお嫁さんでない限り、苦労しそうだ。お姑さんを見習って家事を完璧にこなそうと思ったが最後、ノイローゼになりかねないだろう。

しかし、だからといってお姑さん任せではよくない。同居すればお客さんではないのだ。最初からすべてを気に入ってもらおうとせずに、何かひとつ、自分の手伝えることを見つけ、そこから始めることだ。注意されても決して投げ出さず、「至らなくてすみません」と、ひと言謝《あやま》ろう。そして、合格点をもらえてから、次のもうひとつに着手するのである。

上手にできなくてもいいから、姑を見習おうとする態度を、常にアピールすることが大切だ。また、注意されたことはすぐに実行し、何をやるにもキビキビと動く。そういう姿勢は、いつか姑の理解につながるはずである。要は姑のこだわりがどの辺にあるかを早くつかむことが大切である。この姑の性格は粘着性性格。一〇〇パーセント完全主義、四角四面で融通《ゆうずう》がきかないが、こちらもマジメに対応すれば、信用され、可愛がられる可能性がある。

嫁は豆腐になってほしい

世界の美味を食べ尽くしたエピキュリアンにしても、おふくろの味にかなう料理はないと言われる。男性にとって、おふくろの味は、何にも代えられないようだ。

そのおふくろの味が作りだされるのが、台所だ。台所を見ればその家の主婦の性格がわかるほど、そこには、その家ごとの個性が光る。台所は女の城、主婦が家庭の中で最も自己主張できる場でもあるのではないだろうか。

結婚したら、あなたも自分の台所を持つことになる。自由に好みを活かして、使い勝手のよい自分の城を築いてほしいものである。

しかし、それはあくまで自分だけが使う場合だ。同居、別居にかかわらず、姑が使う台所に、無神経にズカズカと入り込むのはいけない。

姑は、口には出さずとも、自分の味に絶大なる自信を持っている。長年、夫も子どもも「おいしい」といって食べてくれた料理である。それをいくら料理の腕に自信のある嫁が来たからといって、すべてを任すわけにはいかない。

「姑の台所にズカズカと入り込まない」というのはそのことである。姑は口に出しては言わないものの、嫁に「人生の大先輩」として接してもらいたいのだ。

姑だからこそ、そのおふくろの味は尊重したい。結婚したら、たとえそれが自分の好みに合わなくても、その家に代々伝わる家庭の味は覚えるよう努力するべきではないだろうか。

関西出身の人は関東に来ると味付けが濃いという。当然、その逆もある。味覚は五感のうちもっとも保守的な感覚といわれる。いくら口に合わなくても、それに馴染《なじ》んだ人の味覚を変えさせることはなかなか大変である。

そんな場合、とりあえず会得し、それが気に入らなければ、徐々に変えていけばいい。娘のいない家庭など、嫁におふくろの味を伝授することを楽しみにしている姑も、案外多いようである。その場限りの演技でもいいから、そういう時は姑を立てて、その味を伝授してもらう。多少頭にくることがあっても、無料の料理教室だと割り切って考えればいいのである。

料理や味に関しては、自己主張、我を通すことは禁物だ。嫁は豆腐になってほしいものだ。豆腐は柔らかいが崩れもしない。頭をぶつけてもケガもしない。どんな料理にも変身できるほど適応性が高い、というわけだ。

姑の味方としてグチの聞き役も務めること

嫁と姑の関係には、いくつかの段階があるようだ。息子が連れてきた女性というよそよそしい態度から、どうやら嫁として認めてもらえたと安心する頃、今度はまた新たな問題が出てくる。嫁に親近感を感じた姑が、グチをこぼし始めるというパターンだ。

姑とて、あなたと同じ嫁の立場に苦しんだ時代がある。それから数十年、夫に仕え、子どもを育て、家庭を守ってきた歴史の中には、たくさんの不平不満もあったはずだ。そのもやもやしていた気持ちの、ウップン晴らしをしようとしているのである。

ここは手堅く、賢い嫁として対処していかなくてはいけない。どうしたら最良か。それは、姑の味方という立場を取りながらも、具体的な意見をはさまず、徹底的に聞き役にまわることである。職場や友人関係では、人の噂話には加わらないのがいちばんだ。が、姑となると、それは良策ではない。はなからグチを聞くまいとすると、せっかくあなたを認めた姑に、決定的な悪印象を与えてしまう。あくまで自分は姑の味方で、その苦労を理解しているという態度を示したい。

ただしこのとき、自分の意見ははさまないように気をつけたい。嫁というのは微妙な立場であり、また、姑の感情も微妙だ。グチをこぼす人というのは、たいてい同調してほしいという思いがある。が、たとえば舅の悪口を聞かされて、「お義父さまって、ずいぶんひどい人ですね。じつは私もつねづね……」などと言ったら、どうだろう。グチはこぼしてみたものの、姑にとっては夫である。自分が言うのは良いが、嫁にまで悪く言ってほしくないかもしれない。自分勝手なのである。

そうかといって、舅をかばうのはさらに悪い。姑は、あなたを舅の味方として、敵対視するようになる。また、あなたの夫である息子へのグチにも、慎重に対応したい。グチは言ってみたものの、母親は息子が好きなのだ。あなたの反応次第では逆うらみされかねないからだ。

得策はひとつ。適当に合の手をはさみながら、姑が満足するまで、とことんグチをこぼさせ、それを聞いてあげればいい。ちょっとした不満は、聞いてくれる人がいることでかなり解消するものである。聞き手もまた、ドラマの役者を演じなければいけない。

こういうことは、今後よくあることかもしれない。が、それも姑のストレス解消だと考え、おおらかな気持ちで受け止めたいものである。

親戚とは適正距離を保ってつきあおう

昭和一八年、結婚披露宴のあと、うちの病院の職員への披露の会が催された。その日は、私は勤め先の前の信濃町の駅で家内と待ち合わせ、一緒に新宿の会場へ向かうことになっていた。が、待てど暮らせど、家内はいっこうに現れない。結局私は、二時間も改札口で待たされるはめになった。その後も、家内は万年スローモーで、先に書いたように、叔母から「平安朝」というあだ名を頂戴《ちょうだい》した。この叔母は、頭の回転の速いシャキシャキした人で、家内の学校の先輩だったので、何かと家内をかわいがってくれた。

ともあれ、嫁にとって、親戚づきあいというのも、なかなかたいへんなものだ。遠い親戚より近くの他人ともいうが、まったく親戚とつきあわないというわけにはいかない。気が合わないといっても親戚は親戚としてのつきあいがある。

家内はその点大変だったと思う。昔のことだから今以上に親戚づきあいに神経を使ったはずだ。しかし、そうやってもまれたことで今日の家内があることもたしかだ。こういう親戚づきあいの苦労は忙しい夫に話してもうるさがられるだけだから、意外にストレスになりやすい。なかには、姑や実の親以上にお節介を焼きたがる人もいる。だから、親戚とはつかず離れず、常に適正距離を保ってつきあうことが大切だ。

今の若い人の中には、親戚づきあいを最初から徹底して避ける人もいるようだが、長い目で見るとそういう極端なことにはマイナスも大きい。若いうちはいいが、子どもが大きくなったり、年をとってくると不都合なことがいろいろ出てくるからだ。

どうせ親戚とつきあわねばならないのなら、上手につきあいたい。そこで、親戚の評価を高めるチャンスがある。それは、冠婚葬祭の時の気くばりである。このような皆が一堂に会する場では、おくびにも出さないけれど、親戚たちが鵜《う》の目鷹《たか》の目で嫁をチェックしている。

挨拶の仕方はどうか、立ち居振る舞いはどうか、姑とうまくやっているか、気のつくタイプか――。

さまざまなチェックポイントを用意して、皆で採点しているのである。ここで落第点をもらったら、その後は、親戚たちの井戸端会議の格好の餌食《えじき》にされてしまう。

でしゃばり過ぎず、控えめ過ぎず、適度に自分をアピールしながら、さりげない気くばりを発揮しよう。

姑や親戚への不満を夫にぶつけてはいけない

私は時々、夫と妻、そして姑は、永遠の三角関係で結ばれているのではないだろうかと思うことがある。特に夫は、妻と母の間に挟《はさ》まれ、しばしばたいへんなストレスを抱え込むことになる。それが原因で胃に穴があいたという人も、実際いるくらいである。

ある作家夫人の話である。――姑と同居していた彼女は、結婚後まもなく、夫から、姑には口答えするなと言われた。

「おふくろがいくら理不尽なことを言っても、おれは、おまえが口答えすると、気分が悪い。これは理屈ではないんだ」

その言葉を聞いた瞬間、彼女は、絶対に姑にさからわないようにしようと決心したそうだ。そして、それを忠実に実行した。姑は根は優しいものの、表面はとても厳しく、また極端に感情の起伏が激しい。口八丁手八丁というタイプだったそうだから、彼女はずいぶんつらい思いをしたこともあっただろう。が、夫の言葉を胸に、決して口答えはしなかった。

彼女には、ひとつだけ、負い目に感じることがあった。それは子どもを授《さず》からないことだった。夫は、家を継ぐべき長男だった。

何でもまず言葉にしてしまうタイプの姑から、ある日彼女は、「子どもができないなら出ていってもらうしかない」と言われた。さすがの彼女もこれにはがまんできないと思ったが、とにかく三度言われるまでは耐えようと考えた。そして三度目、ついに彼女は夫に家を出たいと告げた。が、それについての親族会議で、「妻が出るときにはオレも出る」と夫が言ったのを聞いて、思いとどまったそうである。

彼女は、夫に言われてから後、姑への口答えをやめた。たぶん、姑のことで夫にグチをこぼしたこともないだろう。ここが彼女の素晴らしいところだ。身内の悪口を言われて、良い気持ちがする人はいない。たとえ非難に値することであっても、やはり不愉快な思いになる。これもまた、理屈ではないのだ。もし彼女がグチをこぼすようなタイプだったら、親族会議の時、夫が自分も一緒に出るとは言いださなかったのではないだろうか。

嫁と姑のトラブルから逃げているように見えても、男は、案外それを冷静に眺め、判断している。姑や親戚のことで夫に悪口を言うよりも、それを口に出さずにいる嫁のほうが賢明である。そうすれば、いざというとき、夫は必ず妻の味方につくだろう。

嫁は一流の女優たれ

嫁姑関係において、「嫁は名優であれ」というのが、私の持論である。家庭生活とは、一種のドラマである。その中で、嫁は女優になったつもりで、名演技を披露する。そうすれば、嫁姑関係はどうなるか。

演技をするというのは、ちょっと言葉は悪いが、要するに、相手をいい意味でだますということである。といっても、すべてをウソで固めろといっているわけではない。真実の中に、ほんの少しウソという化粧をほどこすという程度である。基本的にウソはいけないものだが、人間関係を円満にするための多少のウソなら、許されるのではないだろうか。姑が作った料理がそれほどでもないと思っても顔に出さず、「さすがお母様、ひと味違いますね」と嫁がやれば、喜ばない姑はいないはずだ。

嫁姑関係が険悪化するにつれ、心身のバランスを崩してしまう人もいる。ノイローゼになるのは、圧倒的に嫁のほうが多い。そしてたいていが、真面目で完璧主義者である。こういうタイプの人は、姑に言われたことを何でも完璧にこなそうとする。無理を重ねるうちに、疲れがたまっていく。そして真面目さゆえに、真正面から姑とつきあおうとする。その結果心身ともにクタクタになって、ノイローゼを起こしてしまうのだ。多少のウソをつきながら、姑を立てて、うまくつきあっているタイプの嫁は、決してノイローゼにはならない。

婦人問題評論家の樋口恵子さんは、良い嫁姑関係のためのアドバイスを五つあげている。

- 姑は知り合いのおとなと思うこと
- いい嫁になろうと思わぬこと
- いろいろあらあなと思うこと
- 人間みんなチョボチョボさと思うこと
- 甲斐性のあるあなたになること

これはつまり、姑とは、肩の力を抜いてつきあえということだろう。姑に何か言われても、はいはいと聞き流せるくらいになりたいものである。

どこにでもある、嫁姑問題。これは人類の永遠のテーマだろう。姑に一家の実力者であり中心であるという自負を持たせ、実は自分が実権を握る。姑との関係を上手にこなす賢明な嫁は、たいていこの方法を実践しているのではないだろうか。その嫁も、やがては姑になるのだ。

第4章

どうしたら「自分らしく」生きられるか

誰でも
疲れた〜〜
は〜〜〜っ
—と思う
ときがある。
それが体の疲れなら
休めばいいけど
Z
精神が
疲れた〜〜〜。
—ときにはどうすれば
疲れが取れるかというと
精神に
新しい刺激を
与えよう。

ふだんと違ったことで
体と頭を
「遊ばせる」
スポーツでも
散歩でも
ガーデニングでも
そうして一日 心から遊ぶと
それが精神の
リフレッシュになる
あ〜今日も一日
ゴロゴロしてたら
終わっちゃった〜
明日はまた仕事かあ
だる――い
というのと違って
心も回復してるハズ
新しい遊びを見つけよう!

他人の視線が気になるのはなぜか

こんな女性患者がいた。彼女は仕事のできる女性で、また、男性を超越したいという欲求が強かった。自信家でもあり、それに見合う能力にも恵まれていた。が、ある日上役に叱《しか》られたことをきっかけに、彼女は、自信を失った。そして、自分はダメな人間であるという思いがしだいにつのり、それまでの積極性やバイタリティーはどこかに消えてしまい、引っ込み思案《じあん》になった。

さらに事態は、悪い方向へ進んでいった。いつからか、自分のことを周囲の人間がバカにしているように感じ始めた。会社で数人が話をしていると、自分のことを噂《うわさ》しているように思いだした。ついには、同じ課の人間が一団となって、自分をクビにしようと画策しているのではないかという妄想《もうそう》まで抱くようになった。

彼女のケースとまではいかなくても、大なり小なり、誰もが、他人の視線を気にして生きている。特に日本人はひとり突出することを恐れ、「横並び」で安心する傾向があるから、なおのこと他人の視線が気になる。

自分の殻《から》の中に閉じこもって、自然現象や他人の行動がすべて自分に関係していると考える心理を、精神医学では、「関係妄想」と呼ぶ。感情が敏感な人ほど、このような状態になることが少なくない。

それは、人間の心の中に、自意識というものがすんでいるからだ。

いかに謙虚な人間でも、自意識がゼロということはあり得ない。

思春期の頃、多くの若者の悩みのタネである赤面症も、これと大いに関係している。通学電車の中で何度か顔を合わせた女性がいる。ある日その視線を感じたとたん、少年の鼓動は高まり、顔がほてるのを感じる。真っ赤になってはみっともないだろう、彼女は自分の顔を見てバカにしているのではないかと、少々焦《あせ》る。すると、少年の顔はますます赤くなっていく。居たたまれなくなって途中下車をする。その日以来、赤面症は日常的になってしまい、赤くなってはいけないと思えば思うほど、顔がほてるようになってしまったのだ。

結局、少年が赤面症を克服したのは、赤くなるまいという思いを捨てたときだった。他人の視線が気になるのもこれと同じで、「人からどう思われたってかまわない」と開き直ったとたん、他人の視線から解放されることになったのだ。

孤独を感じない女性はいない

「私は孤独だ」と悩む人は、多い。この言葉が口をついて出るときは、たいてい、世界で自分ひとりだけが孤立しているという思いにかられているのではないだろうか。

しかし、人間である以上、誰もが時には孤独感に苛《さいな》まれている。が、それはほんのわずかなひとときに過ぎない。友人と映画を観たり、食事をしたりといった、ちょっとしたことをきっかけに、自分が孤独だと悩んでいたことを忘れてしまう。そして再び、孤独が来る。

内気で、人とのつきあいを望まない、非社交的な人を対象に、ある実験が行われた。はたして人間はどこまで孤独に耐えられるかの調査である。本人には実験の内容を伝えないまま、完全密室に入れ、外界から遮断《しゃだん》した。もともと非社交的で人間嫌いの被験者にとっては、それほど苦痛な環境ではなかったようだ。が、結果は違った。しばらくして、被験者は、不穏状態に陥《おちい》っていった。さらに、一定時間の後、幻覚妄想が発呈。ついに、密室の扉が開けられると、開口一番、その被験者は、誰かと話がしたいと言ったのだ。

いかに非社交的で人とのつきあいを嫌う人でも、完全に孤独な状況に置かれると、人との接触を求めたくなる。完全な孤独には人間は耐えられないものだということがわかるのである。海外への留学生で、精神障害を起こす人がいる。これも、孤独によるものであることが、解明されている。心理的遮断状況が加わって発病するのだ。こういう人のほとんどは、帰国後いくばくもなく治癒することが多い。特別な治療なしで家族と一緒に普通の生活を送るだけで、かなり重い症状の人も、完治してしまうことがある。言葉の関係もからんで、海外でたったひとりという孤独な環境が、精神に障害を与える。だが、人間は本質的には強いものだ。孤独から解放され人と接したとたん、すぐに自分の力で回復できるものなのだ。

ドイツの劇作家ヘッベルの言葉に、「生きることとは深い孤独の中にあることだ」という言葉がある。生きている限り、常に孤独感はつきまとってくる。孤独を感じるからこそ、人間であるともいえるだろう。それならば、孤独と上手につきあうことが必要だ。必要以上に孤独を意識し、飲み込まれてしまってはいけない。自分の心を自ら開き、他人を理解する努力をし、時には積極的に人の輪の中に飛び込んでいく。体を動かし、汗をかいて、発散するのもいいだろう。心理的、環境的に、自分なりの配慮と努力をして、孤独を上手に飼い馴らすことが、大切なのである。

失敗は成功へ導く良き友である

人生に失敗はつきものである。仕事上の失敗や、友情の失敗、恋人とのつきあいの失敗、考えてみると、毎日が失敗の連続なのではないだろうか。しかし、些細《ささい》な失敗でも、本人の捉《とら》え方ひとつでひどく自信をなくしたりする。子どもの頃は、誰でも失敗するのが当たり前だった。本人はもちろん、周囲のおとなや子どももそれを認識していたから、誰も失敗とは思わない。笑ってすませてしまったり、それを糧《かて》に、次は失敗しないようにと、がんばったものだ。

ところが、成長するに従って、人は失敗に対して神経質になっていく。失敗してはいけないという思いが最初にあるから、必要以上にそれに反応してしまうのだ。

しかし、「失敗は成功の母である」という言葉もあるように、年齢に関係なく、失敗は常に成功へのイントロダクションとなるものだ。ただし、それを自覚できなければ、成功へはつながらない。失敗を悔やんでいるだけでは、積極的な思考も持てず、次の行動にも移れない。現状に立ち止まって、悔恨や不満、愚痴をこぼすだけになる。そして、いつのまにか失敗が、劣等感として心の中に定着してしまうのだ。エリート街道をまっしぐらに進んできた人ほど、些細な失敗で挫折しがちである。これも、失敗に対する抵抗力を持っていないからなのではないだろうか。

「初めてのスピーチに失敗したことが、私の講演家としての成功につながった」と言ったのは、講演家として名高いアメリカのH・シャーマンである。

彼が初めてスピーチをしたとき、事前に万全の準備をしていたにもかかわらず、評判は悪かった。というのは、その会に、高校時代にシャーマンをひどい目に合わせた友人が出席していたからである。スピーチの最中、その存在に気がついたシャーマンに向かって、友人は舌をペロッといたずらっぽく突き出した。その途端、シャーマンの頭の中から、暗記していたスピーチが消え去ってしまった。結局シャーマンはスピーチを続けることができず、あとはしどろもどろになってしまった。が、彼はこれを失敗のまま終わらせず、反対に、積極的に人前で話す機会をつくった。その結果、講演家として成功したのである。失敗の経験は、その後の本人の姿勢次第で、挫折への抵抗力と、やる気を育ててくれる。やはり成功の母なのである。

劣等感も失敗と同じで、劣等感を克服したナポレオンから「ナポレオン・コンプレックス」という言葉が生まれた。

自分の好きな点、嫌いな点を、箇条書きにしてみる

他人から見て、自分にはどのような魅力があるかは、誰しも気になるものだ。人間である以上、人に嫌われるよりは、好かれたいと願うはずである。これは、異性から好かれるということに限ったことではない。同性からも好かれ、たくさんの友人を持つことができれば、より人生は楽しくなるものだろう。

では、自分にはどんな魅力があるのだろう。どのような人間なのだろう。それを知るためには、友人や恋人に質問してみるのもいい。が、時には自分で自分を診断してみることも必要だろう。

人に好かれる人間というのはもちろん結構なことだが、それ以前に、自分で自分を好きになることが大切ではないか。自分が大好きだ、と断言できるほど、素晴らしいことはないと思う。それは、大きな自信につながるし、積極的な人生を送っていくための活力ともなる。

そこで、こんな方法を考えてみる。たとえば月に一度、あるいは年に一度、また、自分

の誕生日などの行事にしてもいい。日記をつける気軽さで、自分の好きな点と嫌いな点を書き出してみることだ。このとき、あなたは第三者の立場を取るがいい。「自分」という人間を、客観的に観察してみることだ。

あまり深刻に考えてはいけない。時間をかけずに、とっさに頭に浮かんだことや思いついたことを、箇条書きにしてみる。そして、後日、ひまをみてそれに目を通してみる。すると、意外な自分を発見することができる。自分では意識していなかった魅力や、ちょっとこれはと思うような欠点などに気がつく。そして、自己に関する興味が次々にわいてくる。

このメモは、しばらく保存しておきたい。特に、自分の好きな点は、何度か繰り返し読んでみる。すると、より自分が好きになる。続いて、好きな自分だから、もっとステキになりたいという思いが生まれる。その気持ちが自ずと行動にも現れて、より魅力的な自分を育ててくれるのではないだろうか。

嫌いな点については、なぜ嫌いなのか考えてみて、好きな自分になるための研究材料にするのもいい。ただし、あまり深刻に考える必要はない。好きな点が伸びていけば、自然に嫌いな点は消滅していくものだ。欠点にとらわれるよりも、自分の魅力を伸ばす。それが自分を効率的に成長させていくことになる。

スランプは飛躍へのスプリングボード

「幸運のクッションに座っている間に、人は眠りこけてしまう。こづかれ、責められ、打ち負かされ、苦しめられているときに、人は何かを学ぶ好機を与えられている」

これは、ジョセフ・マーフィーというアメリカの牧師が、『眠りながら成功する』という著書に記した言葉である。「こづかれ、責められ、打ち負かされ、苦しめられる」というのは、いささか激しすぎる状況であるが、これをスランプという言葉に置き換えて読んでみたらどうだろう。

「スランプに陥ったとき、人は何かを学ぶ好機を与えられている」

スランプとは、一般的には、心身について一時的に調子が出なくなる状態をいう。つまり、どんなにひどいスランプでも、その状態が永遠に続くわけではない。不幸にして最悪の状況に陥ったり、どん底まで落ちてしまったとしても、見方を変えれば、それ以上悪くなることはないということである。

スランプと聞くと、つい暗いイメージを抱きがちだが、大成した人の多くは、スランプの後に成功を手にしている。いわばスランプとは、飛躍へのスプリングボードのようなものなのだ。だからこそ、スランプのときほど、積極的に何かにチャレンジしていきたいものである。

じっとその場にうずくまってスランプを通り過ぎるのを待つのも、ひとつの方法かもしれない。が、それでは、スランプ前より、自分を成長させることはできない。より飛躍を願うなら、自分の力で、スランプをスプリングボードに変えていくことが必要である。

その手段として、パターン化した生活に、意識的にさまざまな変化を与える方法がある。たとえば、今までに経験のない新しいことにチャレンジしたり、環境をつくってみる。ただしこれには、ちょっとした努力も必要だ。スランプのときは、何に対してもやる気がなくなって、無為に時間を過ごしてしまいがちだ。そこで、ヘアースタイルを変えるとか、今まで使ったことのない色の口紅を塗ってみるなど、かんたんなことから始めてみるのもいい。すると、不思議と変化に対して新鮮な感動が湧くかもしれない。その感動を動力として、次の新しいことに向かっていくことができれば成功だ。

スランプの突破口は案外身近にあり、その先には、思いがけない飛躍のチャンスが待っているという希望を持ちたいものだ。

自分の力に限界などはない

自分の力を過信しすぎてしまうことは危険だが、だからといって、過小評価ばかりしていたら、自分で自分を小さな人間におとしめてしまうことになる。チャレンジ精神にあふれる若いうちは、自分には自分が考えている以上に力があると信じることが必要ではないかと思う。

学生時代、放課後の教室などで、こんな遊びをしたことはないだろうか。ひとりの人間をイスに座らせ、二〜三人の指だけでそれを持ち上げる。普通なら絶対できないが、お互いの手を重ね、心をひとつにすると、不思議なことに軽々と持ち上がってしまう。

これはちょっとミステリアスなたとえだが、催眠術の場合はどうだろう。催眠術師が、「あなたはものすごい腕力の持ち主だ」と暗示をかけたとたん、きゃしゃな女性が、自分の倍も重さがありそうな石を持ち上げてしまう。これは魔法ではなく、ちょっとした暗示によって、それぞれが潜在的に持っていた能力が引き出されただけなのである。火事場のバカ力ではないが、ふだんはか弱い女性が、いざというときになると、タンスさえも持ち上げてしまうのも、これと同じであろう。また逆に、筋骨隆々《きんこつりゅうりゅう》たる男性が、食卓塩さえ持ち上げられなくなる。

人間には、自分では気がつかない力が、どこかに眠っている。自分では信じられないような能力も、持っているかもしれないのだ。

しかし、自分にはこれ以上の能力がないと思うと、つい力を抜いてしまうのが、人間である。本当はもう少し力があるのに、頂点に達する前に、ふっと力が抜けていく。

たとえば何か壁に立ち向かった時も、自分の能力では太刀《たち》打ちできないと逃げ腰になったり、自分の力を信じられないと、やはり結果は自分の思った通り、壁を突き破れずに終わってしまうものだ。

ところが、誰が考えても無理な難題で、実際本人にそれだけの力がない場合でも、自分ができると信じて立ち向かっていくと、案外かんたんに、それをクリアしてしまうことがある。人間の能力は、時に信じられない力を発揮することもあるものだ。

この自信は、次にはさらなる可能性へとつながっていく。これを繰り返していけば、今より何倍も自分の能力を伸ばすことだって、可能なのだ。自分の力に限界を設けず、常により大きな自分をイメージすることが大切である。

私の好きな言葉のひとつ――「無尽蔵《むじんぞう》」。

まず、自分を信頼することから始めてみよう

すべての人間関係は、信頼からスタートしているといっても、過言ではない。信頼のないところに、良い人間関係は成立しえない。

つまり、自信を持てる自分になるためには、まず、自分を信頼することが基本なのだ。自分への愛情も、自信も、すべては自分に対する信頼から発している。

たとえば、自分に自信のないときに限って難しい仕事がきたり、学生なら授業中に教師から当てられてしまう。野球選手の場合なら、守備に自信のない人のところへよく難しい球が飛んでいく。うまく処理できなくて、チームメイトに迷惑をかけたりする。

実際に行われた実験の結果だが、こんな話を聞いたことがあるだろうか。ひとつの水槽《すいそう》の中で泳ぐ、二匹のさかなの話である。

ひとつの水槽に、大きなさかなと、小さなさかなを泳がせる。実は、小さなさかなは、大きなさかなのエサである。もちろんそのままでは、すぐに食べられてしまう。

そこで、最初は、ガラスの板で水槽をふたつに仕切り、大きなさかなと小さなさかなを

別々に入れておく。大きなさかなは、お腹がすくと、小さなさかなに向かっていく。口をパクッとあけて、小さなさかなを食べようとする。

しかし、ガラスの仕切りがあるために、そこに衝突してしまう。何度も繰り返し向かっていくが、すぐ目の前を泳ぐ小さなさかなを、大きなさかなは食べることができない。

しばらくしてガラスの仕切りをはずすと、はたしてどうなると思うだろうか。当然、小さなさかなは、大きなさかなの餌食《えじき》となってしまいそうである。

何回も挑《いど》んでいるのに、小さなさかなを食べることはできなかった。そのために、大きなさかなは、もう小さなさかなに向かっていこうとはしない。

もし大きなさかなが自分への信頼を持ち続けていたら、小さなさかなへの挑戦を止めなかったはずである。失敗に懲《こ》りた大きなさかなは、自分への信頼を失ってしまった。そのために、すぐそこを餌が泳いでいるのにとろうとしなくなった。

人間にも、これは当てはめることはできないだろうか。いかに失敗しても、逆境に立たされても、常に自分を信頼する気持ちだけは大切にしたい。その信頼感が、次のステップへと後押ししてくれるのではないだろうか。

目、耳、そして頭、体を遊ばせよう

頭脳労働や会社での人間関係など、毎日は精神的な疲労の連続である。もちろん肉体的な疲労も重なっていくだろうが、何より重視したいのは、精神面である。人間の体は、世界一精巧なコンピュータである。肉体的な疲労が重なると、自然に眠くなったり、時には風邪を引いて休養を求めようとする自己防衛の反応が起こる。

ところが、さすがのコンピュータも、精神面では、ミスを出す。何となく体がだるい、頭痛がする、ピリッとした緊張感が持てない。こんなときは、「どうやら、精神的な疲労がたまっているかも知れない」と、まず自分で気づきたいものだ。精神的疲労をそのままに放っておくと、思わぬ症状が出てくる。悪くすればうつ状態も引き起こしかねないのだ。

このような精神的疲労は、どうやって癒《いや》せばいいのだろう。それには、心の底からリラックスすることがいちばんである。

が、リラックスとは、ぼんやり時間を過ごしたり、寝ころんでテレビを眺めることではない。このような方法では、却《かえ》って何もかもがおっくうになり、人と会うのもいやになり、決断力も低下する。

本当のリラックスとは、精神のリフレッシュなのである。精神をリフレッシュさせるためには、何より、脳に新鮮な刺激を与えることが必要だ。たとえば、スポーツをしたり自然のあふれる場所で散歩するなど、体を動かすことでもいい。「現実逃避」こそが必要であり、遊び心を持って何かをすることが大切なのだ。

遊び心を発揮するとき、人は必ず心に余裕を持っている。この遊びと余裕が大切なのである。たとえば車の運転でも、ハンドルに何センチか遊びがあるから、安全が保たれている。まったく遊びのないハンドルだったら、右に切ったとたん隣の車線に飛び込んでしまったり、左に切ったとたん、横を走る車にぶつかってしまう。

リラックスタイムもこれと同じではないだろうか。目を遊ばせ、耳を遊ばせる。そして、頭を遊ばせ、体を遊ばせる。遊び心を大いに発揮すると、それまで聞こえなかった音も聞こえだし、見えなかったものも見えてくる。つまり世界が何倍にも広がっていくのである。

週休二日制がかなり浸透してきた。二日のうち一日は睡眠時間をのばすのもいい。ボンヤリ時を過ごすのもいい。しかし、二日目は何か「建設的」なものにチャレンジした方がいい。日曜大工でも、スポーツでも、とにかく体を動かし、適度に頭を使うことがいい。

要注意！　女性のアルコール依存が増えている

最近は街の居酒屋でも、ちょっと小ぎれいでおいしい店は、若い女性客でいっぱいである。これは一昔、二昔前には考えられないような光景である。

その代わり、女性のアルコール依存症が近年急増していることも事実である。

酒は、ほろ酔いぐらいで止めておけば、ストレスの解消に役立つだけでなく、血液の循環も良くして、老化の防止にいい。だが、いつも大量に飲んでいると、やがてはアルコール依存症になる。ＷＨＯ（世界保健機関）が発表している〝大酒飲み〟の定義は、日本酒なら約五合、ビールは大ビン六本、ウィスキーならダブル六杯、これを一日も休まず飲んでいる人をいう。これは身体の大きい白人を参考にしているから、日本人ならこの六〇パーセントと考えてよかろう。

アルコールの薬理作用を精神科の立場から見るとこういうことになる。

第一は精神の抑制が取り去られる。これが、酒が、人間をひきつける最大の要因である。

人間は社会生活の維持のため仕事や対人関係などで、知らず知らずのうちに自分の心を抑圧しながら生きている。こんなふうに、毎日毎日をなんらかの抑圧下のもとで暮らしている人間の心を解放してくれるのがアルコールである。

第二の薬理作用としては、劣等感の解消がある。人間だれでも劣等感がある。劣等感がないという人がいたら、その人はむしろ異常である。それが解消されるとしたら、気が大きくなり、人を恐れなくなる。

第三は、酒を飲むとすべてが美化されることである。いかなる男性もアラン・ドロンや、ディカプリオの如き美男に見える。すべてが美化されて感じられるから、いい気持ちになること請け合いである。

しかし、酔いがさめれば飲む前の現実がそこにあるだけだ。アルコールの薬理作用が甚だしいほど酔い覚め後の後悔の念も強くなる。

このほかの薬理作用としては、自分の置かれている場から外へ出て、全然別の場に遊ぶ、ということがある。一種の現実逃避で、これもアルコールの魅力のひとつとなっている。ともあれ憂さ晴らしに酒を飲むことを続けていると、アルコール依存症になりやすいことは確かである。夫の浮気、嫁姑の確執、子どもの教育、家計……。

主婦となれば悩みはつきない。だからといってアルコールの薬理作用に溺れれば、身の破滅を招くしかない。そういう人に共通しているものは「意志薄弱性」である。

相談できる男女の友人を持っているか

自分に自信を持って生きる。これは、人生を素晴らしいものにする上で、欠かせないものである。だからといって、唯我独尊《ゆいがどくそん》、エゴイズムに陥ってしまってはいけない。自信を持つこととエゴイズムとは根本的に違う。

アドバイスやいろいろと意見を述べてくれる友だちがいたら、必ずその言葉に耳を貸すことだ。時にはうるさく感じることもあるかもしれないが、何の得にもならないのにわざわざ口を出してくれるというのは、あなたのことを心配してくれているわけである。このような周囲の意見は、何はともあれ大切にしたい。もちろん、それを鵜呑《うの》みにして、自分の決めたことをすぐに撤回するようでは困る。自分の考えも大切だが、さらに周囲の意見を聞く耳を持ち、一応それを分析してみることである。

人にはさまざまな考え方がある。また、客観的に見たほうが、ものごとを理路整然と判断できる場合もある。当事者には気がつかないようなことを、案外、周囲の無関係な友人のほうが、よくわかる場合もあるからだ。そういう意見をとりあえず頭の中に入れ、自分なりに分析してみる。その上で、取り入れたほうが良いと思う意見は素直に受け入れ、排除すべきだと感じた意見は、切り捨てる。そういった段階を経てから、自己主張すべきではないだろうか。

そして、このように意見を言ってくれる人は、友だちとして大切にしていきたい。どんなに強固な自信も、時にはこわれそうになることもあるし、自分ひとりでは最終決定を下せない場合もある。

そういう場に直面したとき、気軽に相談できる友人がいたら、どんなに素晴らしいだろう。結局は自分で決断するにしても、話を聞いてもらうだけで、ずいぶん気分がラクになるだろう。話しているうちに、自分の気づかなかった何かを発見することもある。生きていく上では、こういう友だちを、何人か持ちたい。それも、老若男女、バリエーションのある友だちなら、理想的である。男性のほうが客観的に判断できる問題や、年齢を重ねた人にこそできるアドバイス、年下のさりげない意見にはっとさせられることなど、きっとあるはずである。遊び友だちだけでなく、そういう友だちづくりを日頃から心がけることも必要である。

「良い友人」「悪い友人」かの判断は自己分析に頼るしかないが、人間の本能的嗅覚は案外と的確な判断を下してくれるものである。

性格は自分次第で変容していく

生まれながらの性格や、長い間身についた生活習慣などは変えようがない、と思っている人が多いようだが、決してそんなことはない。酒場のママさんなどは、初めての客でも、しばらく話をすると相手の職業がわかるという。「お役人さんでしょう」とか、「こちら刑事さんね」などとズバリ当てると、相手も驚く。

もちろん、人は生まれながらに役人のような性格、刑事のような性格だったわけではない。環境が、その人を「らしく」するのである。主婦でも東京の山手の高級住宅街に住むのと下町の長屋に住むのとでは、言葉遣いも着る服も違ってくる。

酒場のママでも同じだ。「人をそらさぬ派手な感じ」というのは後天的なものだが、長い間の職業的習性が身につけば、「生まれながらの性格」と差異が認められなくなる。

たとえば学校の同窓会に五年ないし一〇年ぶりに出席して、クラスメイトと会った時、ずいぶん変わったな、という印象を受けることがあるだろう。すこぶる明るかった人が、なんだか陰気な雰囲気になってしまったとか、逆に内気で口下手だった人が、積極的に話しかけるタイプになっていたりとか、その変貌に驚かされることがけっこうあるのではないだろうか。

こういった事実からしても、人間が性格を変えるとか、生活習慣を変える、つまりは自己改革をすることは不可能なことではないわけだ。パーソナリティーの語源がペルソナ（仮面）にあるように、性格は本来変容していくものだ。

最近、マスコミで話題になった女性に、背中に刺青を彫った弁護士の大平光代さんがいる。彼女は中学時代にいじめにあい自殺未遂騒ぎを起こし、その後は一六歳で暴力団組長の妻となった。両親には暴力を振るう、すさんだ生活をしていたが、その後養父となる人物と出会って目覚め、生活態度を改め、大学の通信教育法学部に入り、ついに司法試験に受かり弁護士となった。

暴力団組長の妻であった頃の彼女と、非行少年少女の救済に走り回る現在の彼女を同一視する人は誰もいないに違いない。社会的地位もさることながら、その人となりも大きく変容したからである。

昔から〝四十前の顔は親から貰《もら》った顔、四十以降の顔は自分で作った顔〟と言われる。お化粧などで鏡の前に座るときなどは、じっくりと、「今日はいい顔をしているかな」と見てみることも必要かもしれない。案外、新しい発見があるものだ。

「完全を望むと麻痺がくる」

戦争や物のない時代に青春を過ごした我々から見ると、今の人はとても恵まれているように感じる。良い環境の中で、自分の好きな道を選び、自由に伸び伸びと生きているようである。数十年前と比較したら、まださまざまな問題は残されているにせよ、女性が社会で活躍する場も、ずいぶん多くなってきたように思う。

そのような時代の中で、自由に潑剌《はつらつ》と生きる女性は、いつも輝いている。が、そういう女性の多くから、「自分に自信が持てない」という悩みを寄せられる。

なぜ、自分に自信が持てないのだろう。自信がないと消極的になる前に、まず自分にその問いを投げかけてみてはいかがだろう。

人間なら、時には自信を失うこともある。また、劣等感にも襲われる。他人と自分を比較して落ち込んだり、完全を求めすぎて挫折するということが、ままある。完璧主義な人ほど人生につまずくのも、これが原因だ。

幾度となく失敗を繰り返してきた私が、立ち上がれないほどの痛手を受けなかったのは、常に、ものごとは八〇パーセントが達成されればそれで十分である、と考えて生きてきたからではないかと思う。人生設計や仕事、勉強など、何か計画を立てる場合、必ず、予定通りに進まなかった場合も設定するくらいの余裕が必要ではないかと思う。

押して押して押しまくれというパワーも時には必要だが、それだけで突進してしまうと、失敗したときに、身の置場がなくなり、自分で自分を追い詰めてしまう。これは本当の積極性とは違うものだ。ともすれば突進しがちな自分に、「ちょっと待て！」とブレーキをかけ、焦《あせ》り苛立《いらだ》つ気持ちを、「慌《あわ》てることはないじゃない。のんびりいこうよ」と、なだめる。

そういうもうひとりの自分を、自分の中に見出すことが必要だと思う。そして、常に、当初の予定の八〇パーセントを達成すればそれで十分だという気持ちを持ち、自分の行動に満足する。そうすれば、意味のない焦りや苛立ちを感じることも少なくなる。

私自身を振り返ってみても、いつも八〇パーセントの人生だったと思う。だからこそこれまで大きなトラブルもなく生きてこられたのだと思うし、満足している。二〇パーセントの余裕を想定した人生が、大きな自信を与えてくれるのではないだろうか。

ウインストン・チャーチルの言葉――「完全を望むと麻痺がくる」。

第5章

どうしたら「人間関係」がよくなるか

私、話下手で……
私と話してても みんな楽しく なさそうで…
ーという人って多い。
そういう人のためのちょっとした会話のコツ
それは会話の中で相手の名前を呼ぶこと。
えっ？それだけっ!?
久しぶりですねー
元気？
ええ。お忙しいですか？
まあまあね
……より

鈴木さん久しぶりですねー
佐藤さんも元気？
ええ！お忙しいですか？
まあまあね佐藤さんは？
この方がだんぜん互いに嬉しいはず
小さな子は名前を呼ばれるとうれしそうに振り向くでしょう？
×○ちゃん
名前は“自分を認めてもらえる”嬉しいコトバなのです。
カンタンだけど大事なこと
百の言葉より一つの名前。

親友は「真友」でもあり「信友」でもある

私は、自分なりに定義づけた友人像を持っている。ともに純粋で、どこか神秘性があり、それでいてお互いにいい意味での競争心を持って向かい合える、そういう相手が、自分にとって大切な友人だと思う。幸福なことに、私はそういう友人を持っている。なかでも今も私の心の中で大切にしているのが、心理学者の相場均さんだ。私は相場さんと、慶応の精神科教室で初めて会った。昭和二五年のことである。以来、彼が亡くなるまで、そのつきあいは続いた。彼は、私にとって、友人の定義にぴったりの人物だった。彼もそう感じていてくれたに違いない。仕事のこと、家族のこと、自分自身のこと。ちょっと人には言えないようなプライベートなことまで相談し、それでいて必要な部分ではちょっと距離を置き、お互いをいたわった。

相場さんは、正真正銘《しょうしんしょうめい》の親友だった。今でも、何か問題にぶつかったり、悩んだりしたとき、まず始めに、彼が生きていてくれたらという思いが、私の中に広がる。

人間はひとりでは生きていけない。家族、友人がいるからこそ、生きていけるのだ。そして、その友人たちの中に、親友と呼べるほどの相手がいれば、それは何よりの幸福である。

しかし、単に仲がいい、ウマがあうという程度では、本当の親友とはいえないと思う。「親友」は、「真友」でもあり、また、「信友」でもなければならない。要するに、親しいだけでなく、お互いを信頼できる真実の友でもあるということだ。毎日のように会っていても、一緒に遊んでいて楽しいだけなら、ただの友人である。不遇のときには励まし、絶頂のときには戒《いまし》める。お互いにそういう関係を築けるのが、親友だと思う。

こんなエピソードがある。宮城まり子さんが舞台に出演していたとき、女ともだちが楽屋を訪れ、一日中はしゃいでいる。が、宮城さんには、彼女が悩みを抱えていることがわかった。舞台が終わると、ふたりで食事をし、街を歩き、お互いがお互いの自宅まで送り合って、とうとう深夜三時にまでなってしまった。その時宮城さんは足をけがしていたが、あえて彼女に「歩こう」と言った。彼女もそれに気がつかないような女性ではない。が、その宮城さんの気持ちに甘えた。また、その彼女の心をわかっていながら、宮城さんも気づかないふりをしたのだそうだ。「おかげで私の足はなおいたくなった。けれども、アイツの心も私の心もいたくなくなった」と、宮城さんは書いている。宮城さんの「来し方」、いや今も精神的・肉体的に苦労の連続だったと思う。その苦労が、宮城まり子流の人生哲学を築いてきたと思う。

自分から積極的に行動しなければ友人はできない

友人ができないと言って、悩んでいる人がいる。そういう時は、まず自分が友人を得るためにどんな努力をしているか、自問してみるべきだ。口下手だから、社交上手ではないからとグチをこぼしていても、いっこうに埒《らち》はあかない。友人は向こうから歩いてきてくれるものではない。自分から探しにいくものなのだ。

パーティーなどの招待状が届くと、私は何とかスケジュールをやりくりして、可能な限り出席することにしている。私のことを社交家でパーティー好きだと思っている人も多いようだが、一概にそうとは言えない。その日のうちに書き終えなければならない論文があったり、翌日の会議のための下準備をしなければならなかったり、翌朝、暗いうちに家を出て一番機に乗らなければならないこともある。パーティーを欠席すればずいぶんラクだろうにと思う日もないわけではない。

しかし、それでも私は出席する。それはなぜか。人がいるからである。そのパーティーには、素晴らしい友人となるべき人物が出席しているかもしれない。せっかくのそのチャンスを失ってしまうのはあまりに惜しい。そう思って、疲れた自分を元気づけて出席する。

こういう習性のおかげで、私はずいぶんたくさんの友人を得た。一つのパーティーに出席すれば、必ず新しい友人ができる。そこからまた新たな友人関係へと広がっていくこともある。おかげで、いつも私は、帰り道を急ぎながら、ああ出席してよかったと感じる。

友人ができないという人の大半は、自分から殻に閉じこもってしまうタイプだ。本人に言わせればそういう性格だから仕方がないということになるのかもしれないが、そういう考え方では、いつまでたっても殻を破ることはできないし、友人もつくれない。自分から積極的に行動してみることが必要だ。パーティーに出席するのもいいし、カルチャーセンターに通ったり、趣味のサークルなどに所属するのもいいだろう。第一歩は、家から外に飛び出すことである。

そして、人に会ったら、上手にコミュニケートしようなどとしゃちほこばらず、素直に話しかけてみることだ。せっかく人の集まるところに行っても、隅《すみ》っこでムスッとしていたら、誰も近づいてはくれない。自分を知ってもらおうという姿勢で、人に話しかけ、また話しかけられたらそれにていねいに答えていくことが必要である。しかもしつこくなく、さりげなくあっさりと対応することを忘れてはいけない。人からうるさがられては何にもならない。

どんな人間にだって相手を立てることが人間関係の基本

人間関係を形成するには、なくてはならないことがある。それは、相手の存在を認め、そして自分の存在を認められることである。お互いに無視しあっていたら、決してコミュニケートすることはできない。どうしても好きになれない人物というのがいるが、そういう場合、たいてい向こうも自分を嫌っている。ガチンと目の前で心の扉を締められたら、どんなに温和な人でも、よい感情は持てない。つまり、上手に人間関係を築いていきたいと願うなら、まず相手を認め、好意をもって接することが必要なのである。

さて、相手を認めていることをアピールするには、どうしたらいいだろう。最良の方法は、相手を立てることである。他人から、「あなたはいてもいなくても同じ、いなけりゃいないで何とかなる」と言われたら、どんな気持ちがするだろう。が、「あなたがいないと困る」と言われれば、どんな人でもうれしくなる。

こんな話がある。

海老名香葉子さんは、故林家三平さんが売れっ子になるまでの間、内職などをして家計を助けた。そんなある時、刑務所を出てきたところだという男が、家にやってきた。玄関先で男は、故郷に帰るお金がないので都合をつけてくれと言った。普通の女性なら、恐怖からお金を渡してしまうか、あるいは警察を呼ぶかするだろう。

しかし、海老名さんは違った。

「そうですか、今内職してんですけど、これを全部仕上げれば、お金が入りますが、すぐにってていうんじゃ、悪いけどないわ。どうしてもって言うんだったら、すこし手伝ってくれない」

と言ったのだそうだ。するとその男は、本当に手伝いを始めた。廊下に腰を掛け、海老名さんの内職である袋詰めの仕事をしながら、芸人さんというのはなかなか大変なんだなぁと感心している様子である。そして、しっかり手は動かしながら、さまざまな話をしたそうだ。その上、帰り際には、ポケットから三〇〇円を出し、「子どもさんに」と、目を赤くして、廊下に置いていったそうだ。

見ず知らずの人間を脅《おど》してお金を取ろうとしていた男である。人に嫌われ、疎《うと》まれてきただろう。ところが、海老名さんは彼を認めた。どんなに彼はうれしかったことだろう。彼の忘れそうになっていた良心を、海老名さんが目覚めさせたのである。いい話だ。

気くばりのできる女性になろう

爽やかな印象で心に残っている話がある。雑誌の編集者の話だ。

その編集者は、ある時、仕事で対談の企画を担当した。対談はホテルで行われることに決まった。

さっそくその人は、対談に出席してくれる人物について調べた。そして、ゲストのひとりが、和菓子好みであることを知った。そこで、対談の途中の休憩では、日本茶と和菓子を出すようにホテルに注文した。ところが、日本茶に関しては問題なかったのだが、和菓子は出せないと断られてしまった。そのホテルでは洋菓子しか扱っていなかったし、当然和菓子をのせて出す皿もなかったからだ。結局その編集者は、当日、自分で和菓子と和菓子の皿を用意し、ホテルに持っていったそうである。

この話を聞いた瞬間、私は、なんとこまやかな気くばりのできる人なのだろうと、感激した。対談の仕事で招かれたのだから、ゲストは、途中のティータイムに、好物の和菓子が出るなどと期待はしていないだろう。いざそれが出てきたときにはうれしかったかもしれないが、ゲストは、まさかその和菓子を編集者が用意したとは思ってもみなかっただろう。

この編集者は、仕事の成果を期待したわけではない。ただ、大好きな和菓子が出てきたら、きっとゲストは喜ぶだろう。それを食べて、ティータイムに少しでもくつろいでもらえたら自分もうれしい。そんな打算のない素直な気持ちで、行動したに違いない。相手を思いやる心のある人だから、きっと自然にそんな考えが浮かんできたのだと思う。

仏文学者の篠沢秀夫さんがホテルにチェックインしようとした時、フロントで、「残念ながら今回は○号室しかあいていませんが、よろしいでしょうか」と言われて、ひどく感激したという。常連客を扱うような態度にうれしくなり、たちまちそのホテルが気に入ってしまったそうである。これもまた、フロントの素晴らしい気くばりである。

気くばりのできる人というのは、自分のやったことを表面に出さなくとも、そのやさしさは相手に伝わるものである。友人関係でも職場でも、気くばりは、素晴らしい花を咲かせる。打算や見返り抜きに、相手のことを考え、思いやってこそ、本当の気くばりといえると思う。気くばりの源泉は、「相手に喜んでもらいたい」という素直な気持ちだと思う。そういう気くばりのできる女性こそすばらしい。

人間づきあいは「つかず、はなれず」が一番だ

大好きな友人だけに囲まれて生きていけたら、どんなにいいだろう。それこそユートピアのような世界だ。

しかし、現実はそうはいかない。学生時代なら、嫌いなタイプを排除して、気の合う仲間同士でグループを組み、その中で楽しく過ごすこともできる。が、社会に出てからは、そうはいかない。職場の人間関係や近所づきあいなど、決して好きになれないタイプの人とつきあわなければならない場面も、しばしば出てくる。その人間関係の中では、ひょっとしたら、世界でいちばん嫌いな人物も登場するかもしれないのである。こういう場合には、立場上、皮肉やイヤミを言うわけにいかない。また、それをすれば、ますます自分が不愉快になるだけだ。避けて通ることができないなら、じっと黙ってがまんするしかない。

無理して愛嬌《あいきょう》をふりまく必要はないが、といって、不快な表情をするのもおとなげない。感情を隠して、自然に振る舞うのが得策である。

沢村貞子さんは、著書『私の台所』で、こんなことを書いた。

「〝つかず、はなれずが一番さ〟

私が子どものころ、下町女はよくそう言った。とかく、お人好しでおせっかいなおかみさんたちが、自分を戒める言葉だった。このごろ折にふれてそれを思い出す」。

なまじ相手の領域に入り込んでしまうから、嫌な思いをするし、腹も立つ。しかし、つかずはなれずの関係でいれば、それも回避できる。大好きな相手でも、つかずはなれずの関係が一番である。ならば、嫌いなタイプなら最初から一歩退《しりぞ》いたところでつきあえばいいのである。

そしてもうひとつ。以前私はラジオ番組で人生相談を担当していたが、「夫がこんな人間だったとは思いませんでした」などと言ってくる人が多いのに、驚かされた。要するに観察眼が足りなかったということであるが、ならばその逆もあるはずである。嫌いな人間も、もしかすると嫌いではない人間になるかもしれないという可能性を秘めている。

人間には、隠された部分がたくさんある。数度話したくらいでは、その人のすべてを知ることはできない。嫌な印象を持っている人でも、こんないいところもあったのだと見直すこともあるだろう。それを念頭におき、好き嫌いを断定せずに人とつきあうことも、大切なのではないだろうか。

切《せっ》磋《さ》琢《たく》磨《ま》できるライバルを持つ

女流文学者の元祖といえば、まず頭に浮かぶのは、紫式部と清少納言である。どちらも、王朝を代表する才女である。

この二人は、相当なライバル意識を持っていたようだ。紫式部が仕えていたのは中宮定子、清少納言が仕えていたのは中宮彰子で、ともに一条天皇のお后《きさき》ということも関係していたのかもしれないが、紫式部はその日記の中で、清少納言のことを、

「清少納言くらい高慢ちきな女はいない。いやにりこうぶって漢字や漢文を書きちらしているが、よくみればまだまだ未熟なもの。こんな人はゆくすえろくなことはあるまい」

と、酷評している。

はたして二人の間に何があったのかは知るよしもない。心底《しんそこ》相性の悪い相手だったのかもしれない。

が、取るに足らない人物なら、紫式部もそこまで清少納言を嫌うことはなかったに違いない。その根底には、筆の立つ者同士という強烈なライバル意識があったのかもしれない

し、だからこそ、相手に負けてはならないと、より良いものを書こうと努力したのかもしれない。いずれにせよ二人は、『源氏物語』と『枕草子』という歴史に残る作品を発表した。

目標が明確にあればあるほど、人間はそれに向かって力を発揮する。ライバルも、そのひとつだ。名を成した人の多くは、「絶対にこの人にだけは負けたくない」というライバルを持っている。それは仕事に限らず、趣味の領域でもそうだ。

私も趣味の飛行機では、岡部冬彦さんをはじめ、多くのライバルを持っている。彼らに負けてはならないと、つい大人げないことをすることもある。同時に、負けてはならじと勉強もする。それとともに、友情も培《つちか》われている。ライバル意識が真剣であればあるほど、その友情も、生半可《なまはんか》なものではなくなるのかもしれない。あなたは現在、良きライバルを持っているだろうか。仕事でも趣味でもいい、素晴らしいライバルを見つけてお互いに切磋琢磨していきたい。ただし、紫式部と清少納言のように憎しみを込めたライバルはごめんこうむりたい。

「旅」に関しては、私のライバルは母だった。一〇年前に母が死んだあと、私の旅へのエネルギーはちょっと鈍ったが、その後私はある人をライバルとして設定した。私の意欲は元に戻った。いやもっと強まったかもしれない。

第一印象で相手に嫌われない言葉の数々

初めて会った人なのに、すぐに、なんてこの人は魅力的なのだろうと感じさせる人がいる。いわゆる第一印象の良い人である。

最近亡くなられた吉行淳之介さんなどは、人当たりがソフトで気くばりも細やかなうえ、話が上手なので誰からも好かれた。女性では、これもすでに亡くなられた向田邦子さんもそのひとりである。二人に共通するのはさわやかな気くばりのできる人という点だ。シャイで押しつけがましいことを嫌う。サービス精神が旺盛なのだ。だから人の警戒心を初対面でといてしまうのだろう。

人間はワガママだから、深くつきあえばたくさんの魅力を持っている人でも、第一印象が悪ければ、また会いたいという気持ちにはならない。

では、どうしたら第一印象の良い人間になれるのだろう。それにはまず、初対面の時に、相手のどういう点が印象深いか考えてみるといい。

誰でも、初対面の人に対しては用心深くなる。警戒心があるから、相手をできるだけ観察しようとする。どんな言葉を使うか、身振りや手振りはどうか、どのようなしぐさをするかなどと全神経を集中する。それに合格した人が、第一印象の良い人と判断されるのである。

そこで初対面の相手を魅了する奥の手を紹介しよう。いちばん大切なのは、会話の中でどんな言葉を選ぶかである。絶対的タブーは、「そうはおっしゃっても」「お言葉をかえすようですが」など、相手を否定するような言葉である。悪気がなくても、このたったひと言が、相手に敵対心を植えつけてしまう。「しかし」という言葉も、なるべく使わないほうがいいだろう。英語の「バット」、ドイツ語の「アーバー」など、しかしという意味の単語は、ヨーロッパではご法度《はっと》になっている。反論したい場合は、まず相槌《あいづち》を打ち、その後自分の意見をさりげなく言うのが無難だ。

また、高圧的な態度や押しつけがましい態度もタブーである。

第一印象で悪いイメージを与えてしまうと、それを修復するのはなかなか難しい。ともあれ、態度でも言葉でも「自分は、自分は」という人は初対面の際、相手に悪印象を与えやすいことは間違いない。

もうひとつ私の嫌いな言葉、使いたくない言葉は、「……ですから」。

素直に「ごめんなさい」が言えることの素晴らしさ

どんな天才でも、間違いをおかすことはある。そのこと自体はたいしたことではないが、その間違いを自分から認め、あやまることができるかどうかで、その人の度量は計られる。自分の間違いに気がついたら、すぐに「ごめんなさい」と言える女性であってほしいと願う。人間関係の中では、そのような行動によって、却って相手に良い印象を与えることも、しばしばあるだろう。

以前、父の斎藤茂吉と文芸評論家の小宮豊隆さんが、大論争を繰り広げたことがあった。「しづかさや岩にしみ入る蝉の声」という俳句に関することだった。その中に登場する蝉の種類について、二人の意見が対立したのである。それぞれ自分の説に自信があるから、どちらも譲らず、喧々囂々《けんけんごうごう》、その論争は五年も続いた。「蝉の声論争」として、文壇では知る人ぞ知るものだった。

この俳句は、芭蕉が『奥の細道』紀行の際に、山形県の立石寺という山寺に立ち寄った時に詠《よ》んだものである。父は油蝉だと主張し、それを裏付けるために、旧制山形高校の教授に蝉学の教えを乞うたり、わざわざ立石寺に二度も脚を運んで、調査をした。さらに、その寺のふもとに位置する小学校の生徒に頼み、蝉を取らせたことまでやった。

これに対して小宮さんは、一貫して、にいにい蝉だと主張した。油蝉では、「しずかさや」という初句が適当でなく、また、威勢よく鳴く蝉よりも、にいにい蝉の声のほうが、「岩にしみ入る」に近いと断言した。さらに、芭蕉が立石寺に立ち寄ったのは、現在の太陽暦でいえば七月の初めである元禄二年の五月下旬だから、その時期に油蝉は鳴かないというのである。

五年続いたその論争は、父が発表した文章によって終結した。

「芭蕉が立石寺で吟《ぎん》じた俳句の中の蝉は小宮豊隆氏の結論のほうが正しい。私の結論にはその道程に落差があって駄目であった」

父は潔《いさぎよ》く自分の間違いを認めたのである。

間違いをおかしながら、それを絶対に認めない人は、多い。誰の目にも勝敗が明らかでも、決して負けたと言わない人もいる。そういう態度をすれば、その後は誰からも信用されなくなってしまうだろう。しかし、潔く間違いや負けを認めて素直にごめんなさいと言える人に対しては、好感を抱くものである。

会話で親しみを持たれるコツ

話し下手なためにいつも人づきあいで失敗するという悩みをよく聞く。確かに、話し上手とそうでない人はいる。話し上手な人は、どんな些細なことでも、それを自分の言葉で演出し、楽しい話題にしてしまう。話し下手な人が、ある日突然、話し上手に変身するのは、なかなか難しい。が、会話上手になるのは、かんたんなことである。パーティーで交わされた二タイプの会話を紹介するので、これを読み比べていただこう。

A
「こんにちは。お久しぶりですね」

「お元気でしたか」

「はい。お忙しいですか」

「ええ」

B
「でも、テニスはやっていらっしゃるんでしょう」

「高田さん、こんにちは。お久しぶりですね」

「お元気でしたか。佐藤さん」

「はい。お忙しいですか」

「ええ」

「でも、テニス好きな高田さんのことだから、テニスはやっていらっしゃるんでしょう」


どこが違うか、気づいただろうか。かんたんなことである。Bの会話では、お互いの名前を呼びあっているのだ。わずかふた言三言の会話でも、名前を呼び合うだけで、ずいぶん親密な印象を受けるものだ。会話の中に相手の名前を添えると、すぐに親しくなれるといわれる。事実、相手の名前を会話の途中で呼ぶと、交渉がスムーズに運ぶという実験結果が心理学者によって証明されている。活字で読んだだけでこれだけ印象が変わってくるのだから、実際の会話となると、その差は歴然だ。

話し下手だと悩んでいる方に、ぜひお勧めしたいのが、この会話術である。いかがだろう。これならば、今日からでも実践できる。しかも、大した努力も必要としないのである。もし相手が同性なら、名字でなく名前で呼べば、もっと親密度はアップするだろう。こういうちょっとしたことが、人間関係では大きな実を結ぶのである。外交官に求められる最大の要素は、「相手の名前を早く覚えること」だというのもむべなるかなである。

第6章

どうしたら「魅力的な女性」でいられるか

人間
顔
じゃないよ、
心
だよ！
ーというのは
よく聞くセリフだけど
本当は
顔
＝
心
じゃないかと
思う
〝顔〟というより
〝表情〟かな
心がイキイキしてる人は
顔もイキイキしてるし
心が荒れてるときは
表情もなくなる
どよ〜〜ん

人の悪口を
言ってるときは
どんな美人だって
やっぱり
美しくない。
やさしい心がないと
顔もやさしくない
心が動かなければ
顔だって動かない
だったら やっぱり
どうせなら
心をキレイに
したいと思う。
そうすれば
顔だけでなく
生き方もキレイだと
思うから。

女性の美しさとは何か

女性なら誰しも美しくなりたいと願うのは当然である。書店に氾濫《はんらん》する女性誌を見れば、そのことは一目瞭然《いちもくりょうぜん》である。美しくなるためのノウハウが必ず特集されている。

世の中にはさまざまな女性がいる。ある女性は、自分の容姿に自信がないために、恋愛恐怖症に陥っている。また別の女性は、プロポーズを受けながらも、自分の容姿に関する悩みから、結婚に踏み切れないでいる。まさかと思うかもしれないが、意外とこのような女性が多いのである。

実際の彼女たちを見ると、容姿に問題があるわけではない。とびきりの美人とはいえないが、十人並みの美しさを備えている。彼女たちは、ある種の「神経症状」を起こしているのだ。が、決して病気ではない。要するに、不安感から、自分自身で結論が出せず、容姿に問題をすりかえることで、現実から逃避しようとしているのだ。

こういう女性は、恋愛や結婚に限らず、あらゆることに不安を抱く。その不安が、自分で結論を出すことを妨《さまた》げ、中途半端でものごとを終わらせてしまう。そのために、より大きな不安を抱くことになる。この悪循環の繰り返しだ。その逃げ道としてさまざまな理由をあげるが、容姿に関することが案外と多い。

『醜女《しこめ》の日記』という、フランスの心理小説がある。主人公の女性は、自分が醜《みにく》いと思い込み、そのために相手の男性から愛してもらえないと決めつけている。しかし、現実の彼女は、自分で考えているほど醜くはない。しかも相手の男性は、彼女の慎《つつ》ましさに魅力を感じて、愛しているのである。

美しさとは、このようなものではないだろうか。確かに、世の中には、誰もが美人だと思える絶世の美女もいるだろう。美しい容貌の女性が歩いていれば、男性なら、一応は目に止めるだろう。しかし、容姿の美醜とは、それだけでは解決がつかないものである。美しさは相対的なものであり、絶対的な基準はない。

太った女性こそ美人とされた時代もあったし、纏足《てんそく》のように身体の一部をわざわざ奇形にして、そこに女性美を感じる国もあった。ともあれ男性が女性に魅せられるのは、人さまざまである。女性が美しいと感じる女性も、同様である。それは、必ずしも容姿の美醜だけで決まるものではないのである。

一日一回、鏡の前に立って見ること

アメリカの心理学者で、ベニス・ブラッドワスという女性がいる。彼女はひじょうに優秀な学者として知られているが、同時にまた、その美貌でも有名である。何しろ、女優にならないかとハリウッドから何度もスカウトされたほどである。彼女の外見は、実際の年齢をはるかに下回って見えたという。しかもその美貌は、年々磨きがかかっていく。同年齢の女性と並ぶと、まるで親子のようにさえ見えるのである。

この若さと美貌の秘密は、彼女によると、鏡にあるのだそうだ。三〇歳のときの彼女は、精神面も肉体面も最高に充実していた。そのとき彼女は、ひじょうに幸福を感じたそうである。その瞬間、いつまでもこの若さと美しさを保ちつづけたいと、彼女は願ったそうである。そこで、決意した。その日から彼女は、毎朝鏡の前に立った。そして、こんな言葉を繰り返したのである。

「私は強く、力があり、人を愛し、いつも協調的で、とても幸福です」

往々にして、美しさに対して、外見的な容貌だけにとらわれてしまう女性は多い。しかし、どんなにぱっちりとした瞳《ひとみ》をしていても、高い鼻でも、それが美しさという魅力になるとは限らない。いつもウジウジと悩んでばかりいたり、暗く沈み込んでいたら、せっかくの美女も、まったく魅力のない顔になってしまう。反対に、少々つくりは悪くても、明るく溌剌《はつらつ》とした精神がみなぎる女性は、とても美人に見えるものだ。

女性の美しさは、その姿かたちで決まるのではない。そしてまた、化粧やファッションでごまかせるものでもない。もっと深いところから、あふれでてくるものではないだろうか。

恋をしているとき、女性は驚くほど美しくなる。何かに夢中になっているとき、キラキラと輝いて見える。さまざまなテクニックを多用して外見を磨くことも必要だが、本当に大切なのは、そんなことではないと思う。

一所懸命に生き、充実した毎日を送る。恋する男性のために、そして自分自身のために、もっと美しくなりたいと願う。そういう目に見えないメンタルな部分から湧き出てくるものこそ、その人の美しさなのではないだろうか。そしてその美しさは、異性同性どちらからも、認められる。外見の美しさには人それぞれの好みがあるが、内面からあふれる美しさは、万人に認められるものだからである。

年齢以上に老けて見られたら要注意！

男性にとって、女性から、「私、何歳に見えますか？」と質問されたときほど、困惑することはない。実際より上の年齢を口にしたら、たちまち女性は気分を悪くするだろうし、といって、ズバリ言い当てても、実際より若く言いすぎても、人によっては差し障《さわ》りがあるのではないかと思う。

はたして女性は、何歳に見られることを望んでいるのだろうか。

年代によって、女性の外見年齢に対する理想は変わっていくようである。一〇代のうちは、往々にして、実際より上の年齢に見られることに憧れるようである。子どもっぽいことが、かっこわるく感じる年代なのだろう。一七歳の高校生を中学生に間違えるとブッとふくれるし、逆に、一五歳の中学生を高校卒業間近と勘違いして、喜ばれたこともある。中学や高校では、男子も女子も、おとなびた雰囲気を持つ生徒が、リーダーシップをとる。これも、きっとおとなびて見えることで、周囲の憧れの対象となるからだろう。

ところが二〇代後半になる頃には、実際の年齢より若く見られることに喜びを感じるようになる。三〇歳の女性に二五歳くらいでしょうと聞けば、たちまち顔がほころぶに違いない。中途半端なのは、二〇歳から二五歳の女性である。子どもっぽく見られたくない、かといって、老けて見られるのはいやだ。こんな矛盾《むじゅん》したふたつの思いが交錯《こうさく》する。

しかし、やがて誰もが年をとる。こうなると、やはり女性は実際より若く見られることを望む。なぜなら、肉体の老化は美しさに大きな影響を与えるからだ。

ところで、あなたは、何歳に見られるだろう。もし実際より老けて見られるとしたら、それは要注意である。きっと、顔だちでなく、表情や動作に問題があるはずだ。いつも笑顔で、きびきびとした動作をする女性は、たいてい若く見られる。実年齢より上に見られるのは、その反対の行動をしているからではないだろうか。

劇作家で若い人に人気のあった故寺山修司は、「運のいいオンナは美しい」と言った。これは言いえて妙である。運に恵まれて幸福に生きていれば、自然に笑顔がこぼれるし、表情もいきいきとしてくるだろう。そういう女性は、誰から見ても美しいはずだ。孫がいるのに、いつまでも若く美しい女性もまた、これと同じだ。幸福を感じ、心弾《はず》む毎日を送ることこそ、老化防止の最大の薬ではないだろうか。

コンプレックスをチャームポイントに変えよう

美しさに対する確固たる基準がないせいであろうか。誰でもといっても過言ではないほど、女性は、自分の容姿に対するコンプレックスを持っている。誰が見ても美しいと感じる女性でさえ、本人にしてみれば不満がないわけではない。

美容整形をする人は、ひとつ気になる部分を直すと、次にまた別の箇所が気になって手術をする人が多いという。かのエリザベス・テーラーですら、顔には何十回ものメスを入れたと噂されている。

容姿にコンプレックスを持つ女性は、もっと美人だったら、もっと細くて長い脚だったら、明るく積極的になれるのだろうか。残念ながら、そんなことはない。ひとつのコンプレックスが解消したら、きっと彼女たちは、鏡の前で念入りに自分をチェックし、また新たなコンプレックスを見つけて、悩み始めるに違いない。

背の高いことがコンプレックスになっている女性は、少しでも背が低く見えるように背をかがめ、首をうなだれて歩く。すっと背筋を伸ばしていればモデルのようなプロポーシヨンなのに、猫背になってしまっているため、暗くだらしのない印象を与える。

反対に、背が小さいことをコンプレックスに感じる女性は、少しでも背を高く見せようとして、高いヒールのパンプスをはく。それが似合っていればいいのだが、そうでないと、なんだかチグハグでセンスの悪い印象を与えるし、歩きにくいために行動も緩慢《かんまん》になる。足首を傷《いた》めることもあろう。

ここで、思考回路を一八〇度転換させてみてはいかがだろう。あなたのコンプレックスは、自分で勝手に劣等感を感じているだけのものである。見方を変えれば、それはあなたの個性でもある。それを隠すのではなく、自分からアピールしてみてはどうだろう。

マリリン・モンローは、ハリウッドスターとしては決して恵まれたプロポーションとはいえなかっただろう。身長は決して高くないし、その身長に対して胸も腰も大きすぎる。が、彼女はそれをコンプレックスには感じず、逆にセクシーなプロポーションとしてアピールしていった。オードリー・ヘップバーンにしても、ガリガリのおヤセさんであることを逆手に取って、華麗《かれい》な中に清楚《せいそ》さを秘めてジバンシーのドレスをみごとに着こなした。

マイナスだと決め込むからコンプレックスなのであり、自分からチャームポイントにしてしまえば、それはあなただけの美しい武器になるのである。

美人の尺度は百人百様

少し前に登場した〝バラドル〟というテレビの世界の業界用語は、今や一般化した。これはバラエティーとアイドルの造語だそうで、もともとアイドルタレントだったかわいらしい少女が、バラエティーまでこなすようになっている。

以前は、スターというと、ある決まったスタイルがあった。数十年前の邦画などを観るとわかるが、主役を務《つと》める女優は、今の若い人には誰が誰だか区別もつかないような、似たような顔だちの美人が多かった。色白の瓜実顔《うりざねがお》で化粧もワンパターンであった。女優の個性を強調するのではなく、美人のイメージに近づけることが先決だったのだろう。

少女マンガでも、似たような現象があった。以前のヒロインたちは、まるで約束の上で描かれたように、皆、瞳が顔の半分を占めるほども大きく、黒目がちで、その中で、星がきらきらと輝いていた。

ところが、最近はどうだろう。女優もタレントも、はたまたマンガのヒロインまでも、ひじょうにバラエティに富んでいる。それぞれに個性的で、魅力的である。以前なら絶対に主役を務めたようないわゆるお姫さま顔の女優には、却って魅力を感じないのだろう、脇役にも顔を列《つら》ねていない。この現象は外国でも同じようで、たとえばハリウッド女優のシガニー・ウィーバーなど、お世辞にも美人とは言えないけれど、その強烈な個性で人気がある。

自由な時代になったせいだろうか。あるいは、あらゆる情報を瞬時に入手できるようになったからだろうか。人々の感性は磨かれ、誰もが皆、それぞれの美意識を持つようになった。それにつれてというわけではないが、男性の好みも多様化した。テレビの街頭インタビューなどで理想の女性について質問すると、百人百様、さまざまなタレントの名前を挙《あ》げている。

しかし、考えてみればこれは当然のことである。繰り返すようだが、美しさの確固たる基準はなく、それはひとりひとりの意識の中にあるものだ。

ただ、ここで女性に気づいてほしいのは、男性は、顔だちでなく、その表情により強く美しさや魅力を感じるということである。周囲の男性に「どんな顔の女性が好き?」という質問をしてみれば、納得するだろう。きっと彼らは、「微笑んでいる顔」「すねた顔」「甘えた顔」など、さまざまな表情を挙げるはずである。美人の尺度は百人百様、しかもそれは顔の造作とはあまり関係がないのである。

おしゃれが心にアクセントをつけてくれる

周囲の人はどう思っているかはわからないが、私は自分なりにおしゃれに気をつかっている。

そもそもこれは、いつまでも若くありたいという魂胆《こんたん》が先にあって、始めたことである。特別におしゃれが大好きだったわけではないが、ある時、それによって多くのものを得ることができることに気がついたのだ。おしゃれをするのには、常に感覚をピンと張りめぐらせていることが必要である。

その代表的なものは、バランス感覚である。ベルサーチのジャケットを着たからといって、急に私がベストドレッサーになれるわけではない。むしろそのジャケットだけが目立ってしまいかねない。そのジャケットが浮かないようにするためには、スラックスをはじめ、ネクタイやシャツ、靴など、小物に至るまですべてをコーディネートして、着こなさなければならない。これを繰り返すことによって、自然にバランス感覚は養われていくのである。

また、コーディネートしていく過程では、色彩やデザインなどについて、ひとつひとつ吟味《ぎんみ》する。その中で、色彩感覚や流行などについても、いつのまにか勉強することができる。

また、ただ自分だけをコーディネートすれば、おしゃれを決められるわけではない。その日のスケジュールを調べ、会う人や仕事の内容によって、それに最適の服装を選ぶ。

ベストドレッサーを目指す私は、翌日の装いを、小物まですべて自分で決め、準備している。これが、いつのまにか、毎晩の私の楽しみになっている。と同時に、意外な効用も発見した。人間というのは不思議なもので、服装によって気分は変化していく。派手な色彩のポロシャツを着た日は、一日中、ゆったりとくつろいだリゾート気分で過ごす。あるいは、講演会のためのスーツを身につけると、たちまち気分が締まる。服装が、私の心にアクセントをつけてくれるのである。

美人で知られた女性が、仕事を辞めて家庭に入りしばらくするとそれまでの魅力を失ってしまうことがある。おしゃれやお化粧をしなくなってしまうからである。といっても、それまでの彼女が、流行のスーツや鮮《あざ》やかな口紅によって美しく見えていたわけではない。おしゃれをするという華やいだ気持ちが、自然に彼女の表情に魅力を与えていたのだ。自分の魅力をより多く引き出すためにも、老若男女すべての人に毎日おしゃれを楽しんでほしいと願うものだ。

人が自分よりよく見えるのは当たり前

シラノの巨大な鼻、ナポレオンの低い背丈……世の中には肉体的コンプレックスをめぐる悲喜劇がある。現代においても、肉体に関する悩みがまた多くの女性の心にある。

たとえば、胸が小さいことを悩んでいる女性がいたとしよう。彼女の気持ちを分析してみると、決して胸が小さいこと自体が悩みなのではない。他の女性と比べて、自分のほうが小さいのではないかと自分自身で感じてしまうことが、悩みなのだ。

反対に、胸が大きすぎることを悩む女性がいる。彼女にとってもまた、胸が大きすぎることそのものでなく、他の人よりも大きいことが、悩みの種なのだ。

要するに肉体に関する悩みとは、精神的なコンプレックスなのである。

しかし、彼女たちの悩みは、他人から見れば、まったく取るに足らないことが多い。本人だけがどんどん悩みをエスカレートさせていっているようなものだ。残念ながら、人間は他人の悩みを完全に理解することはできない。だから、自分以上に悩んでいる人がいることなど、理解しようとはしない。実際にそのような人がいるとしてもだ。それならば、悩むだけ損ではないか。

私たちの肉体では、常に、ポンプ役を務める心臓が、全身へと血液を送り出している。本当なら、その音は始終耳に聞こえているはずだ。が、たいていは、その鼓動《こどう》は聞こえてこない。また、目のすぐ下にある鼻は、四六時中視界を遮《さえぎ》っているはずだ。が、それを気にする人はいない。つまり、それらに関心がないからだ。

ところが、ひとたびそれが気になり始めると、もうどうしようもない。絶えず耳に聞こえる鼓動と、目の前にちらつく鼻。それはどうしようもないほどじゃまなものだろう。

肉体的な悩みも、これと共通するのではないだろうか。一度それを気にしたとたん、どんどん不安がエスカレートしてしまうものなのだ。

この場合、最大の「敵」は、孤立感であろう。しばしばこんな時は、世の中で自分ひとり、と思いがちだ。

しかし、発想を一八〇度転換して、世の中には自分と同じ悩みを持つ人が大勢いると考えればいい。

人が自分よりよく見えるのは人情である。「隣の芝生はきれいに見える」ものなのである。

整形美人は美しさの本質を見失いがち⁉

就職シーズンは、美容整形病院の繁忙期であると聞く。就職試験のために、顔を整形しようとする学生が、近年、急速に増えているからだそうだ。女子学生のみならず、男子学生にも増加しているということを聞いて、驚かされた。一概に美容整形を否定することはできない。が、その結果、本当の美しさを手に入れることができるのだろうか。

ふしぎなことに、美容整形の手術を受ける人には、標準以上の美人が多いそうである。もともと端正《たんせい》な顔だちをしているのに、手術という力を借りても、さらにそれを美しいものにしようとする。しかも、一回手術を受けた人は、二回、三回と、回数を重ねていく場合がほとんどだ。手術後の顔をこまかく鏡でチェックするうちに、新たな欠点を見い出し、それが気になって仕方がなくなる。しょせん人間の欲望には限界がない。どんなに美しい顔でも、決して満足することはできないのだろう。そうして美容整形手術のリピーターとなっていく。

女流文学賞にその名前を冠《かん》した田村俊子は、作家として名を成したが、新社会劇団の

『波』という作品のヒロインを演じた女優でもあった。大正時代のことである。その演技は多くの批評家に絶賛され、彼女の女優としての未来は約束されたかのように思われた。

ところが、ちょっとしたひと言が、彼女の人生を大きく変えてしまったのである。

大成功した彼女について、ある有名な女優が、「あの人（田村俊子）が横を向いている顔を見て、本当に気の毒に思いました」と言ったのである。以前から鼻の低いことがコンプレックスだった彼女にとって、これは痛烈なひと言だった。すぐに隆鼻手術を受けてしまったのである。が、結果としてそれは、失敗に終わった。確かに以前より鼻が高くはなったが、途中に段がついてしまったのである。それから彼女はメガネをかけるようになり、決して人前でははずさなかったそうだ。ついでだが、私の母が彼女に「椅子《いす》に腰かける時、ヒザを開き過ぎる」と言ったことがあるが、母もひょっとすると彼女を傷つけたひとりだったかも知れない。

私がここで言いたいのは、美容整形手術が失敗を伴うものだということではない。医学の進歩した現在では、まずその心配もいらないだろう。ただし、顔をいじればいじるほど美しくなると考えるのは、いささかどうかと思う。手術を繰り返すごとに、その女性は、美しさの本質を見失っていくのではないだろうか。それよりも内面からあふれでる美しさにこそ、私は価値があると思う。

どんな美人も怒った顔は醜いもの

精神分裂病の女性を診《み》た。感情のにぶりと意志の低下をもたらす病気である。発病すると、あらゆることに対して関心を失い、いつもぼんやりとして、意欲が低下する。重症の患者は、ひと目でそれと分かる。なぜなら、精神分裂病特有の顔つきになるからだ。生気がなく、固い表情で、まったくエネルギーを感じさせない。入院した彼女も、この独特の顔つきをしていた。その後すぐ、私は、海外で行われる学会に出席するために、二カ月間病院を留守にした。帰ってきて驚いた。彼女は見違えるほどの美人に変身していたのである。これは、治療が進んで病気が快方に向かってきたためである。

しかし、それだけではない。彼女の顔を変えたのは、何よりも、彼女自身が自分の病気を治そうと積極的に精神分裂病に立ち向かっていったという事実である。それが病気特有の表情を払拭《ふっしょく》し、生気に満ちた豊かな表情の美女を生み出したのである。この病気は最初は自分が病気とは思わない。病識がないという。しかし、快方に向かってくると、少しずつ病識が出てくる。その時点で彼女に積極性と勇気が湧いてきたのだ。それが成功のもとになった。

彼女の場合は病気という特殊な環境の中にあったが、一般の女性にも、共通する部分があるのではないだろうか。美しさとは、決して造作が整っているかどうかで決定されるものではない。その人がどんな生き方をしてきたか、あるいはどれほど真剣にものごとに向かっていったかによって、自ずと決まってくるのではないだろうか。

瞳は心の窓といわれる。が、心というのは、瞳だけではない。顔全体、その人の全身に表れてくるものだと思う。

道端で見つけた小さな野花に感動できる、純粋な心。いつもやさしさを持って、人に接する心。常に好奇心があふれる心。毎日の中に、自分から幸福を見いだし、それに満足できる心。そういうあたたかな心を持った女性は、顔の造作の良し悪しに関わらず、誰から見ても、美しく映る。美しさにこだわるなら、こういった真の美しさを追求したいものである。

人の悪口を言っている時、人間の顔は、このうえなく醜く歪《ゆが》む。どんな美人でも、ヒステリーを起こしたり、意地悪をしたり、怒っているときは、美しさとは程遠い。男性の顔は履歴書と言われるが、これは女性でも同じである。心の純粋さがあふれだしたような素敵な笑顔をふりまく女性となることを、願っている。

誰のためでもなく自分のために美しくなろう

最近は、ブライダルエステティックというものがあるそうだ。結婚式前の数週間、あるいは数カ月間、エステティックサロンに通い、ダイエットをしたり、マッサージなど肌の手入れをするのだそうだ。

しかし、結婚が決まったある女性がそれに通おうとして、びっくりした。エステティックサロンのスケジュールがいっぱいで、なかなか予約が取れないからだ。それも、ブライダルエステティックの申し込み者が殺到しているわけではない。普通の大学生や、なかには高校生までが、美容室に行く気軽さでエステティックに通っている。そのために、予約がいっぱいになってしまっているというのだ。

ところで、なにゆえ女性は、これほどに美しさに執着するのだろう。男性にもてたい、同性の憧れの対象となりたい、誰からも好かれたい。世の中には、美しい女性が得することがたくさんあるのかもしれない。

では、誰のために美しくありたいと願うのだろう。恋人のためというのも、いい。が、まずいちばんに、自分のために美しくなることを考えてはいかがだろう。

時を重ねるごとに美しくなっていく女性は、たくさんいる。「おはん」「風の音」などの名作を書き、画家の東郷青児さんをはじめ華麗な恋愛遍歴でも知られた作家の宇野千代さんも、そのひとりであった。しかし、宇野さんは、生まれながらにしてあれほどの美しさを備えていたわけではない。心を磨き、教養を身につけて、本当の意味での美しさを、自分で生み出してきたのである。

こんな話を聞いたことがある。宇野さんは、色が黒いことに強いコンプレックスを持っていたそうだ。が、ある時、化粧粉をつけることによって、色白に変身し、自分の顔が引き立つことを知った。それ以来、現在まで、毎日欠かさずに化粧をしているという。宇野さんは、

「自分がいちばんキレイだと思っていると、本当にキレイになっていくんですよ」

と語っていたが、それは、宇野さん自身が実証している。

美しさにこだわるとき、常にその本質を見据《す》えてほしいと思う。自分自身のために美しくなろうと努力する。自分の生き方で、その美しさを実証できる。そういう人生こそ、本当に美しく輝いているのではないだろうか。

第7章

どうしたら「心のリフレッシュ」ができるか

さて、質問。
「最近 何か感動したことがありますか？」
え〜？ないなぁ最近忙しくて映画とかも見てないし〜
——だったらちょっと困る。
カチーン
それは忙しいせいじゃなく
心が固くなって感動できないのかも。
小さな子どもは毎日が感動の連続だ
感動が心を育てるのだ

べつに 映画を見て
泣かなくたっていい。
感動ってつまり
「心が動く」ことだから。
小さなことでいい
コップ一杯の冷たい
水のおいしさ
友達と
笑いころげること。
いつもの
電車から見える
風景の美しさ
毎日たくさん
心を動かそう
わー
空キレイ♡
心が育つのを
止めないように。

自分を磨く最大の味方は自分自身

自分が映っているはずの集合写真やビデオを見るとき、あなたはまず誰を探すだろうか。間違いなく最初に見つけようとしている人物は、自分自身である。また、それを意識しなくても、自然にその目は、自分を見つけ出す。なぜなら、世界中でいちばん興味があるのは自分のことであり、また、誰よりも自分自身のことをよく知っているからである。これは万人に共通する感情だ。

なかには、自分が嫌いでたまらないという人もいるが、それは自己愛の裏返しの表現である。もっとも愛している自分の中に、気に入らない部分がある。だからこそ、そのわずかな部分が決定的な問題点のように感じられてしまうのだ。

はたして自分改革とは、どういうことだろう。それは、自分の中にある魅力をより豊かに伸ばしていくことであり、同時にまた、自分を束縛しているコンプレックスの実体を把握し、それを克服していくことではないだろうか。それが、自分を高め、育《はぐく》み、磨いていくことなのだと思う。

それをするのは自分自身しかない。恋人や友人に恵まれないから、自分は今以上になれないのだと考えているなら、それは大間違いだ。

加藤タキさんは、国際的に活躍するキャリア・ウーマンであり、また四二歳で出産をし、妻・母としても充実した人生を送っている。が、いつも順風満帆《じゅんぷうまんぱん》に過ごしてきたわけではない。人生にも仕事にも四季があるそうで、加藤さんの場合は、一〇年周期で〝冬〟が訪れる。はたから見れば、逆境である。

ところが、加藤さんは、決して落ち込まない。「ああ、心と体の健康を見直す時期に来たんだな」と考え、自分をいたわってやるそうだ。そして、少し体を休めながら、自分の充電をするそうだ。いつもとは違う遠回りの道をゆっくり歩いて小さな発見をしたり、じっくりと本を読んだり、勉強をしたり。未知のことにも、積極的にチャレンジする。加藤さんはきっと、逆境を迎えるたびに、自分で自分を磨き、一回りも二回りも大きく成長しているのだろう。

加藤さんに見習いたいことが、もう一つある。誠実さとプロ意識を大切に考える加藤さんは、無意識のうちに何らかの甘えがないかどうか、時々自己チェックすることを提案している。自分を磨く最大の味方は自分自身。常に自分と正面から向き合っていきたいものである。

フラストレーションの発火点を上昇させること

女性は男性より忍耐強いと言われているが、それでもつい目先のことにとらわれてかんしゃくを破裂させることがある。女性がグチを言うのはストレス解消なのだという人もいる。しかし、いつも不平不満をもってグチっぽい人は、人間として損であろう。発明王エジソンのエピソードを紹介したい。

エジソンが、電気のフィラメントになる素材を見つけようとしていた時の話だ。電気のプラスとマイナスに何をつなげば光を発するか、エジソンはそれを探していたのである。考えられる物質はすべて当然試し、それでも発見できないので、自分の髪の毛やコヨリでも実験し、さらに食べかけのチーズを細長く伸ばしたものまで、片っ端から試してみた。それでも求めているものは見つからない。

三〇〇〇種類の物質を実験した時点でも、少しも光明は見えなかった。試行錯誤するエジソンを見るに見かねた友人は、

「熱と光を発する道具を発明しようとがんばって実験を重ねるのはいいが、もういいじゃ

ないか。三〇〇〇回もやって発見できないのだから、そろそろあきらめるべきだ。もうそれだけやれば十分だ」

と、声をかけた。ところが、エジソンは実験をやめようとはしない。それどころか、

「物質は、この世の中に五五〇〇種類あるという。すでにそのうちの三〇〇〇種類の実験を終えたのだから、成功は目前だよ。残りはたった二五〇〇種類しかないんだから」

と言い返した。が、その後も繰り返した実験で、とうとう彼は、フィラメントの素材には東洋の扇子の竹繊維を焼いたものが最適であることを発見したのである。

実験の成功はエジソンの忍耐にあった。どこまでそれに耐えられるか、あるいは耐えきれずに爆発してしまうかによって、結果はまったく違ってくる。

仕事に追われて食事ができないと文句を言う人がいれば、「一食抜いたおかげでダイエットになったし、食費も浮いた。良かったわ」と考える人もいる。不平不満が爆発する瞬間、つまり、欲求不満耐性（フラストレーション・トレランス）の発火点をどこにおくかが、それが人生の分かれ道である。

発火点が高ければ高いほど、人は、日常のイライラや人生の困難に耐えられる。それをものともせずに克服していく力が、養われるのである。

新鮮な感動に対しては大いに欲張りになろう

長い人生の中で、最も人間が成長する時期は、好奇心いっぱいの幼児時代に違いない。幼児というのは、一日ごとに成長していく。肉体の成長はもちろんだが、心の成長はさらに著《いちじる》しい。幼児は見るもの聞くもの触れるものすべてにあふれる好奇心で向かい、ひとつひとつに感動する。その連続が、幼児をどんどん成長させていくのではないだろうか。

はたして、あなたは、最近何かに感動したことがあるだろうか。生活に追われたり忙しさにかまけるうちに、人間は、感動することを忘れてしまう。こうなったら、もう成長することはできない。

私は、ふだんからできるだけ感動を呼びさますように心がけている。といっても、特別なことをしているわけではない。極めて自然にだ。日常の中で出会うひとつひとつのことを、そのままやり過ごしてしまわず、能動的に感動するクセをつけているだけである。

たとえば、酒。量はほどほどに止めておくが、毎晩晩酌をする。ある日はウィスキーだったり、また別の日はビールだったりする。グラスに酒をつぎ、最初の一口を飲んだ瞬間、必ず、「うまい！」と叫んでいる。すでにお馴染みなのだから、実はその味は知っている。おいしいと感じても、わざわざそれを口に出す必要もないだろう。が、やはり叫んでしまうのである。毎晩これを聞かされる妻はまたかという顔でうんざりしているようだが、この言葉を発することによって、私は、常に新たな感動を味わっているのである。一種の自己暗示かもしれない。が、これが私の心をリフレッシュしてくれる。

若い女性なら旅行をしたり、コンサートや美術館にできるだけ行く。若いときほど精神は柔軟である。未知の体験は必ず感動を伴うものである。

感動がなくても、人は生きていける。そのせいか、忙しい毎日を送っていると、ともするとその存在さえ忘れてしまう。日常の中のほんのささいなことに目を向けるだけでいいのだ。通勤途中の道端に咲く花、大好きな音楽を聞きながら飲む紅茶の香り。それらひとつひとつに感動することが日々の生活のアクセントとなり、明日への活動のエネルギーとなる。

今、「毎晩晩酌」と書いたが、私はアルコール健康医学協会の会長として、週二日の「休肝日」を提唱しているのを忘れていた。従って「毎晩晩酌」は蚊の泣くような小さな声で言ったことにしておこう。

趣味は徹底的に没頭する

ひとつのことに秀でた人というのは、別の分野でもいかんなく力を発揮する。忙しい人がいつどこで時間を作っているのだろうと不思議になる。たとえば、作家の林真理子さん、漫画家の池田理代子さん、ファッションデザイナーの花井幸子さんの仲良しグループがそうである。それぞれの世界の超売れっ子として忙しい毎日を送っているが、日本舞踊でもすでに名取である。最初は気分転換や健康のために始めたのかもしれないが、今では大きな舞台にも立ち、趣味の領域をはるかに超えている。

亡くなられた遠藤周作さんに至っては、樹座という劇団を主宰して芝居をやったり、ダンスやピアノ、手品、コーラスなど、いったいどれが本業が分からないほどだ。それでも、いつも素晴らしい小説を発表してきたのだから、こちらはきつねにつままれたような思いがする。

かくいう私は、汽車・飛行機・船マニアの阿川弘之さんから、「こと飛行機に関するかぎり、斎藤先生は一度よその精神科を訪ねられたほうがよろしいのではないか」と言われ続けている。書斎の中は飛行機に関連するグッズであふれかえり、興味のない人から見たら、まるでガラクタの詰まった物置のようなものである。が、それらすべてが私の宝物なのだ。

三十数年前にたまたまルフトハンザの女性用化粧箱型のバグを手に入れたのがきっかけで始めたフライトバグのコレクションも、すでに四〇〇個を超えている。バグを集めるためだけに、海外旅行をしたこともある。ベッドに入ってからも、必ず飛行機の雑誌をめくる。この時間が、私にはなくてはならないものなのだ。

登山が趣味だった今西錦司さんは、日本の山一〇〇〇山登頂という偉業を成し遂げた。大学教授と登山の間には何の脈絡もないが、その趣味が今西さんの学問や研究に寄与したものは大きい。

「山に登って、好きなことをやってるうちに個性というものが確立してくるわけやから、今の若い人もどんどん好きなことをしたらいい。好きなことをしてたら自然に個性が生きてきます」という今西さんの言葉から、趣味に没頭できることの素晴らしさを学んでほしい。

女性の場合、独身時代は多趣味でも、結婚後の子育てなど、多忙な生活に追われて趣味どころではないという人もいる。しかし、趣味は人生を豊にし、心の慰めにもなるものだから、忙しくてもひとつくらいは生涯続けたい。

毎日心身を鍛えよう

朝刊を読もうとしてパラリと落ちたチラシに、目が止まった。アスレチッククラブの会員募集の広告である。最近、こういうチラシがよく入ってくる。駅前や新しくできたビルの窓にも、アスレチッククラブの名前を見かけることが多い。運動が一種のファッションになっているようだ。若いＯＬの多くは、会社が終わったあと、アスレチッククラブで汗を流している。

これはたいへん良いことだと思う。ダイエットのために、あるいはリフレッシュや趣味としてなど、それぞれに目的はあるだろう。が、スポーツが健康に良いことは、周知の事実である。大いに汗を流してほしいものである。

かねてから私も、どのようなものでもいいからひとつスポーツをしなさいと言ってきた。もちろん、健康のためである。ただしこの健康の意味は、ひじょうに幅広い。体を鍛えること。そして頭脳を鍛えることである。脳細胞の活性化にも、スポーツはたいへん効果があるのだ。

身体を動かすと、筋肉が鍛えられる。と同時に、血液の循環も促《うなが》される。スポーツをしてたくさん酸素を吸収すると、それは赤血球によって、頭のてっぺんから爪先まで、全身にまんべんなく送られる。身体の隅々にまで、酸素が供給されるのだ。疲れ切っていた細胞も、酸素によって活気づく。だから、スポーツをすると、元気でイキイキとなるのである。

これは、体だけではない。脳も同じである。脳も細胞でできている。脳細胞にとって酸素不足は致命的で、数分間供給を断たれただけで、脳死状態になってしまう。

身体に送られてくる酸素の二〇パーセントは脳で、残りの八〇パーセントは体で消費される。だから、いつも十分な酸素を吸収していれば、体は元気になり、肌は美しくなり、頭脳まで明晰《めいせき》になれるのだ。

最近になって年齢も考えて会員を辞めたが、私も三〇年近くアスレチッククラブに通った。疲れている時など休みたくなることもあるが、何とか自分を激励してがんばった。もちろん、スポーツはどこででもできるから、わざわざクラブに入会する必要もない。エレベータをやめて階段を駆け上がったり、ちょっと早起きしてジョギングや縄跳《なわと》びをするのでもいい。毎日何らかのスポーツをして、体も頭も鍛えることが必要だ。ただしだ。私の年齢になって「鍛え」ようと思ってはいけない。「維持」することができればそれで満足しよう。

時間のやりくり上手は人生の勝利者だ！

容貌や家庭環境など、人間が生まれながらに持っているものは、千差万別だ。が、ひとつだけ平等に与えられているものがある。それは、時間である。どんなにお金を出しても、時間を買うことはできない。

しかし、時間というのは残酷なものである。若いときは感じないが、年齢をとってくると一年が大変短く感じてくる。一年たつのが早いのである。年をとると雑用もふえる。日々やらねばならないことが多くなるのだ。

だからこそ、若いうちにやりたいことにじっくり取り組まねばならない。運転免許であれ、英検であれ、仕事に関連する勉強であれ、若い人ほど覚えも早い。若いとき何もしない人とせっせと努力した人ではかなり差が出てくる。

使い方次第で、時間は長くも短くもなる。人が三日かかることを一日で終えてしまえば、あとの二日は自由に過ごせる。その時間を、さらに自分を高めることに活用していきたいものだ。つまり、時間のやりくり上手は、人生の勝利者になれるということだ。

世の中には、二足のわらじをはいて二人分の仕事をした人がたくさんいる。父茂吉もそうだが、文豪森鷗外も、軍医でありながら、多くの作品を残した。その秘密は、時間のやりくりにある。鷗外は、仕事で疲れても、毎日執筆を欠かさなかった。とりあえず眠るのだが、すぐに起きる覚悟をして、ランプも細くしておく。深夜一二時になると目をさまし、机に向かう。普通なら、晩酌でもして朝までぐっすり眠るところだろう。が、時間を大切にする鷗外は、そういう生活は選ばなかった。

私の父の場合、何をやるのも早かった。驚くほどの早飯食いで、食べおわるやいなや、たちまち書斎に入り、筆を持つ。朝食後に書く礼状などのハガキは、あいさつもなしに要点を大きな字で書いていた。

「自分を高めるために本を読みたいし、映画も見たい。その気持ちはあるのだが、時間がないためにどうしようもない」

そう嘆く人がいるが、それは言い訳に過ぎない。要するに、時間のやりくりが下手で、ムダに時間を使ってしまっているのだ。言い訳している間も、時間はどんどん過ぎていく。嘆く前に時間を生み出す工夫をしてほしい。

やる気のある人には、時間は必ずできるものである。

集中力を高め、ロスタイムをなくしていく

時間について、もう一項目設けよう。時間を有効に使う最も手軽な手段は、集中力を高めることである。フランスの科学者キューリー夫人は、幼いころから並外《はず》れた集中力の持ち主だったそうだ。集中しているときは、まったくその他のことが頭の中から消えてしまう。読書を始めると、どんなに大きな声で話しかけても、夫人の耳には入らなかったそうだ。

元NHKの鈴木健二さんも、集中力と暗記力で定評がある。アナウンサー時代には、本業の他に十一本もの雑誌に執筆し、対談をこなし、講演を行った。その講演も、多いときは一日三件もこなしたそうである。その上、視聴者から届いた手紙には必ず目を通し、一枚一枚ていねいに返事を書いた。その数は一日五〇通を超すこともあったそうだ。

鈴木さんは、「私はスケジュールを組むとき、一分も間をおかない主義です。ひと休みするのは、せっかく暖まったエンジンを冷やすようなものですから」と言っていた。

どんなに集中力が優れていても、ひとつのことを終えて次に移る間に、ダラダラとお茶

を飲んで過ごしていたら、節約した時間はゼロになる。集中力を高めるためには、ロスタイムを排除していくことが必要だろう。

ここで参考になるのは、日米の仕事への姿勢である。日本人は働き蜂だと言われるが、はたしてアメリカ人は、いつものんびり仕事をしているのだろうか。実はそうではない。それどころか、日本人よりもっと働いているくらいである。外資系のファーストフード店で働いてみれば、それはすぐに納得する。

これは大学生から聞いた話だが、ファーストフード店でアルバイトしたときに、あまりのきつさに驚いてしまったというのだ。朝から晩まで契約した時間内は、次から次へと仕事を指示される。一瞬たりとも休む暇がない。その上、仕事が終わったあとは商品の清潔維持に関する講義を受ける。店を出るときはクタクタになったそうだ。要するに、アメリカ人は仕事と休養を分け、仕事の間は徹底してロスタイムを与えない。

逆に日本人は、仕事と休養の区別が明確でないから、同じ量の仕事しかこなしていないのに、働き蜂の印象を与えてしまうのである。我々日本人も、集中してロスタイムも排除し、もっと時間を有効に使いたいものである。

私が軍服を着て、最初に言われたことは、「死節時間をなくせ」ということだった。死節時間とはムダな時間ということである。

まず、自分がどんな人生を生きるのか決める

良妻賢母を重んじた時代からはるかな時が過ぎ、日本の女性像も周囲の環境も大きく変わってきた。

しかし、女性の幸福は結婚にあるという考え方は、今もって世の主流となっているようである。これは、なかなか結婚しない娘を持った親が必ず口に出す言葉であるし、また、女性たち自身の大半も、そう考えているようだ。

確かに、結婚によって女性の生活はかなり変化する。が、結婚したとたん、まるで別世界に飛び込んだように、他の力によってすべてが変わるわけではない。結婚イコール女性の幸福という概念にとらわれすぎてしまうと、却ってマイナスの結果を生じることもある。

たとえば、結婚生活に対して、自分勝手に大きな理想を描いている場合がそうだ。理想と現実の間には必ずギャップがあるものだが、そのひとつひとつをすべて相手の男性に原因があるように思ってしまうことがある。そうなると、楽しいはずの新婚生活も、毎日、こんなはずではなかったのにという不満の連続になる。そこでお互いの関係や夫婦の在《あ》り

方についてもう一度考えてみれば新しい一歩を踏み出せるが、それをせずにマイナス面にばかり目を向けてしまうと、結局、相手の選択を間違えた、失敗だと思い込んでしまうものだ。

男性が女性を一方的に幸せにしてくれるものが結婚ではないということに、まず気づくべきではないだろうか。女性の多くは、自分を幸せにしてくれる男性と結婚したいという。が、そのように受動的な姿勢では、本当の幸福は得られない。結婚に限らず、相手に何かしてもらいたいなら、まず自分が何かしてあげるのが、人間関係の基本である。私は、相手が自分に何をしてくれるかよりも、自分が相手に何をしてあげられるかを考えて、結婚を決めるべきではないかと思う。

結婚とは、相手に自分の人生のすべてを委《ゆだ》ねるものではない。お互いの人生があり、その中で、結婚し、夫婦という絆《きずな》によって、ある面を共有するのだ。そのためにも、結婚を決める前に、まず自分がどんな人生を生きていきたいのか、明確に定めておくことが大切だろう。それらは、もしかしたら、結婚したい男性の事情によって、貫き通すことはできないかもしれない。それはそれで、いいのだ。自分の人生を自分で見定める術《すべ》を身につけていれば、結婚後、「こんなはずではなかった」と落胆することはないはずだ。

人に惑わされずとことんマイペースを守ろう

ライバルを持って切磋琢磨したり、コンプレックスを逆手に取ってパワーに変えていくことは、自分を磨いていく上で、欠かせないものである。

しかし、常にその底に自分のペースが流れていなければ、上手くいかないと思う。マラソンの試合で、ライバルが最初から猛スピードで飛ばしたからといって、無理にそれに対抗して走っていたら、たちまちリタイアすることになる。ライバルの様子を観察しながらも、自分のペースはしっかり守り、自分のスピードで走る。そうすれば、優勝のチャンスも巡ってくる。

亡き母は、マイペースをしっかり守っていたようにみえた。一緒に旧ソ連旅行をしたときのことだった。笑い話などでも語られ世界に知られるほど、旧ソ連の飛行機は時間にルーズである。定期便に乗った乗客の五分の一が予定より遅れたという事実を、航空省が認めたほどである。欠航や遅延で払い戻しを請求した乗客の数は九カ月間で五万六〇〇〇人を数えたそうだし、ガラガラの便は勝手に欠航して翌日まで平気で乗客を待たせる。

こういう状況だから、私たちの旅行で起こったことも、そう驚くべきことではないかもしれない。キエフからルーマニアのブカレストに向かう途中、丸一日半、空港で足止めをくった。私たちは、朝七時四〇分にキエフ空港に到着し、朝食をとった。九時半に出国手続きをし、税関も通過した。あとは一〇時四〇分発予定のモスクワ始発ブカレスト経由ブルガリア行きのアエロフロートに乗り込むだけと、搭乗待合室に向かった。

しかし、突然その飛行機がブカレスト寄港を中止したというアナウンス。結局、飛行機に乗れたのは、翌日の午後二時半だった。

その間の不安は、今思い出してもぞっとするほどである。私としては何とかその日のうちに出国したいと思っていたから、アエロフロートの事務室に行ったり、けんもほろろの対応に腹を立てながらも、交渉につぐ交渉で十数時間を費やした。

その間母は何をやっていたかというと、少しも慌《あわ》てず、ロビーのイスで謡曲のおさらいをしていた。とことんマイペースである。結局搭乗が翌日になるのなら、私も、忙しく立ち回らずに、マイペースで読書でもしていればよかったかもしれない。

新たに発生した環境に逆らわずに適応すること。できないことに腹を立てても仕方がない。そんなことがマイペースで謡曲に没頭する母の姿とともに、今も頭に浮かぶ。

ひとり上手になる

人間は、基本的には孤独には弱いものである。だから友人がほしいと考え、恋人が早くできますようにと願い、家族をつくろうとするのだと思う。もちろん、たくさんの人とつきあうことは大切なことだから、さまざまなタイプの人と一緒に過ごす時間をつくることは、大いにけっこうである。

しかし、それに慣れすぎてしまって、ひとりで時間を過ごすことを苦手にしてしまったら、デメリットは大きい。

そこで、ひとりで時間を過ごすことを楽しめる自分になるような、工夫が必要だ。それにはどうしたらいいだろう。何より必要なのは、いつも自分がやるべき何かを用意しておくことである。それも、何かひとつだけではなく、必ず二種類用意する。

まずひとつは、今自分を成長させるためにいちばん必要だと思われる勉強である。そしてもうひとつは、趣味である。もちろん趣味から学ぶこともたくさんあるから、厳密に言えばこれは二種類ではないかもしれない。が、とりあえず、それを用意しておく。この準備をすませてしまえば、あとはひとりの時間は何も恐くない。それどころか、楽しみにさえなってくる。ひとりでいることは淋しいことではなく、自分を高めるための大切な時間となるからだ。

この習慣をつけておくと、孤独に対しても強くなれる。人は、時々理由のない孤独に悩むことがある。何かトラブルがあったというわけでもないのに、突然、無性に孤独を感じてしまう時。また、多くの友人に囲まれておしゃべりに花を咲かせている時にふっと感じてしまう、孤独感。孤独に弱いと、そんなときにすぐ気が滅入り、暗い印象を与えてしまう。

シンガーソングライターの中島みゆきさんの歌で「ひとり上手と呼ばないで……ひとりが好きなわけじゃないの」というフレーズがあるが、時には、ひとりでいることを愛し、ひとり上手になることも必要なのだ。

孤独を楽しむ習性を身につけることも悪くない。ひとりのとき、私は自然と手帳を見ているようだ。翌週の、二カ月後の、半年後のスケジュールを見て、あれこそ想像をたくましくする。何時の飛行機に乗るのなら家を何時に出たらいいか計算して「何時何分発」と手帳に書きつける。ローカル列車に乗るなら、時間表を調べて、どこの駅弁を買うか決める。ひとりでいろいろ考えるのも悪くないものだ。

「うつ」の兆候はすばやくチェックしよう

ひどい腰痛に襲われ、あらゆる療法を試みたが、原因がわからず、数年間にわたって悩み続けた女流作家がいた。しかし、その原因は心の病が引き起こしたものだった。本人は書くことが大好きと思い込んでいたのだが、流行作家としてあまりの執筆量に身体が悲鳴を上げたのだ。

作家として再起できなくてもいいから腰痛を治すことを優先し、自分を素直にみつめ、無意識下の心理的圧迫を解放していく治療過程で身体に劇的な変化が起こったのである。

同様に主婦が子育てが終わったあとや引っ越しなどで、身体の不調を訴えることがある。いわゆる〝空の巣症候群〟とか〝引っ越しうつ病〟と呼ばれるものである。

しかしながら、全部が全部、身体の不調の原因を、心の病に押しつけてしまうのは問題ではある。ただし、それらの兆候を見過ごしてしまうと、取り返しのつかなくなる場合もあるので注意したい。そこで、どのような症状が出たら心が疲れていると思ったほうがいいか、自己診断法をご紹介しておこう。

笑えなくなる。つまり感動することが少なくなった

①漫才や落語などのお笑い番組をみていても、笑えなくなった
②活力がなくなった
③決断力がなくなった
④なにごとにもあまり興味を覚えなくなった
⑤周囲から孤立してしまうことが多くなった。人嫌いになった
⑥朝は気分が悪いが、夕方になると元気が出てくる
⑦寝付きはいいが、少し眠ると目が覚めてしまう
⑧ふと「死」を考えることがある

このうちひとつでも思い当たることがあれば、「うつ」の予備軍になっていると思ってよいだろう。ただ、それが一過性のものなら心配はないが、長時間続くようであれば、少し、「うつ」を疑ったほうがよさそうだ。

結果が悪くて、自分はうつ病ではないかなどと、くよくよ心配しすぎるのは却ってよくないが、どうせいつもの気まぐれだと、兆候を見過ごしてしまうのも危険なことだ。

うつ病の最初の兆候を見逃さず、何かあったらすばやくケアをするのが、精神と肉体の健康を維持していくための秘訣だ。

本書は、『他人《ひと》に聞けない幸せづくり一〇〇のヒント』（文化創作出版刊）を加筆、削除、訂正し、再編集したものです。

〈著者紹介〉
斎藤茂太（さいとう・しげた）
大正５年、東京生まれ。明治大学文学部、昭和医大卒。慶應義塾大学医学部にて精神医学専攻。医学博士。現在、斎藤病院理事長、日本精神病院協会名誉会長、日本旅行作家協会会長、アルコール健康医学協会会長など、いくつもの顔をもち、活躍中。主な著書に、『長男の本』『精神科医三代』『「なりたい自分」になれる本』『元気が湧きでる本』『新・養生訓』『立派な親ほど子供をダメにする』『心のウサが晴れる本』『愛する幸福　愛される幸福』『父は子とどうわかり合えるか』『男を磨く酒の本』『逆境がプラスに変わる考え方』『人生が楽しくなるヒント』など多数。

愛されるお母さんになるための75のヒント

2000年６月５日　　第１版第１刷発行

著　者　　斎　藤　茂　太
発行者　　江　口　克　彦
発行所　　ＰＨＰ研究所
東京本部　〒102-8331　千代田区三番町３番地10
家庭・教育・医療出版部　☎03-3239-6227
普及一部　☎03-3239-6233
京都本部　〒601-8411　京都市南区西九条北ノ内町11
PHP INTERFACE　http://www.php.co.jp/
ＤＴＰ　　株式会社エム・エー・ディー
印刷所
製本所　　図書印刷株式会社

ISBN4-569-61130-3